Torsten Sunkel

Theaterproduktion in der Sekundarstufe I

Bertolt Brechts Lehrstücke *Der Jasager (1. Fassung)*, *Der Jasager und der Neinsager* als Unterrichtseinheit „handlungsorientierter Umgang mit Texten“ im Deutschunterricht einer 8./9. Klasse

AF617934

Torsten Sunkel

THEATERPRODUKTION IN DER SEKUNDARSTUFE I

Bertolt Brechts Lehrstücke

Der Jasager (1. Fassung),
Der Jasager und der Neinsager als Unterrichtseinheit
„handlungsorientierter Umgang mit Texten"
im Deutschunterricht einer 8./9. Klasse

ibidem-Verlag
Stuttgart

Bibliografische Information Der Deutschen Bibliothek

Die Deutsche Bibliothek verzeichnet diese Publikation in der Deutschen Nationalbibliografie; detaillierte bibliografische Daten sind im Internet über <http://dnb.ddb.de> abrufbar.

∞

Gedruckt auf alterungsbeständigem, säurefreien Papier
Printed on acid-free paper

ISBN: 3-89821-252-1
© *ibidem*-Verlag
Stuttgart 2003
Alle Rechte vorbehalten

Das Werk einschließlich aller seiner Teile ist urheberrechtlich geschützt. Jede Verwertung außerhalb der engen Grenzen des Urheberrechtsgesetzes ist ohne Zustimmung des Verlages unzulässig und strafbar. Dies gilt insbesondere für Vervielfältigungen, Übersetzungen, Mikroverfilmungen und elektronische Speicherformen sowie die Einspeicherung und Verarbeitung in elektronischen Systemen.

Printed in Germany

An Stelle eines Vorworts[1]

Verbote:

„Macht hier kein solches Theater!"
„Spielt mir bloß kein Theater vor!"
„Dieses Affentheater ist hier verboten!"

Empfehlungen:

Lieber richtig Theater machen,
ganz ohne Aufwand mit einfachen Sachen;
am besten gleich in der Klasse spielen,
alleine zuerst, zu zweit, dann mit vielen.
Texte besorgen und Rollen draus schreiben,
trotz Phantasie schön am Boden bleiben;
planen, bedenken, besprechen und proben.
Mitspieler suchen, lenken und loben,
fröhlich agieren, mal Späße machen,
über Fehler und Schwächen der andern nie lachen.
Mit dem Körper, nicht nur mit der Stimme spielen,
sich endlich ganz eins mit der Rolle fühlen.
Die Zuhörer aber vor allem begeistern,
kurz - beides: Theater und Schule meistern!

Herbert Lehmann

---

[1] Lehmann, Herbert: Das spielende Klassenzimmer. Anregungen zum Theatermachen. In: Werkstatt Literatur. Herausgegeben von Reiner Siegle und Jürgen Wolff. Stuttgart: 1988, p. 3.

Inhaltsverzeichnis

Seitenzahl

Vorwort 5

Einleitung 11

I Theoretischer Teil

Allgemeine Vorbemerkungen zur Thematik 13

1. Sachanalyse der Lehrstücke *Der Jasager*; *Der Jasager und Der Neinsager* 15

1.1. *Der Jasager* (1. Fassung), *Der Jasager und Der Neinsager* 15

1.1.1. Entstehung 15

1.1.2. Vergleich mit der Vorlage und Fassungsvergleich 17

1.1.3. Analyse und Deutungen 20

1.1.4. Einfachheit der Musik 24

1.1.5. Aufführungen 25

1.2. Zu der Theorie der „Lehrstücke“ (ab 1929) 26

1.2.1. Die Lehrstücke 26

1.2.2. Die traditionelle Lehrstück-Theorie der Forschung 26

1.3. Die Lehrstückdiskussion - Der Streit um die Lehrstück-Theorie 34

1.3.1. Eigene Anmerkungen zur Lehrstück-Diskussion 39

1.3.2. Die praktische Umsetzbarkeit von Lehrstücken in der Schule 40

2. Mittel der Evaluation 43

2.1. Begriffsklärung „Evaluation“ 43

2.2. Die geeigneten Evaluationsinstrumente 46

2.3. Klärung von Qualitätskriterien 48

2.4. Das „richtige“ Evaluationsinstrument für die Lehrstücke Brechts 50

2.5. Der Zusammenhang zwischen Evaluation und Brechts Lehrstücken 56

Seitenzahl

II Praktischer Teil

1. Einordnung des Themas in einen Lehrplan der 9. Klasse 59

2. Intentionalität 62

2.1. Leitziel 62

2.2. Richtziele 62

2.3. Grobziele der Unterrichtseinheit 63

3. Die Zielgruppe 64

3.1. Anthropogene Voraussetzungen 64

3.2. Soziokulturelle Voraussetzungen 65

4. Konzeption der einzelnen Unterrichtsstunden 69

4.1. Die Einführungsstunde / Erste Doppelstunde 69

4.1.1. Stundenziel 69

4.1.2. Feinziele 69

4.1.3. Methodische Vorgehensweise 70

4.1.4. Medienanalyse 72

4.1.5. Stundenverlauf 74

4.2. Die dritte Stunde / Die erste Einzelstunde 77

4.2.1. Stundenziel 77

4.2.2. Stundenverlauf 77

4.3. Die vierte und fünfte Unterrichtsstunde / Die zweite Doppelstunde 79

4.3.1. Stundenziel 79

4.3.2. Stundenverlauf 79

4.4. Die sechste Unterrichtsstunde / Die zweite Einzelstunde 81

4.4.1. Stundenziel 81

4.4.2. Stundenverlauf 81

4.5. Die siebte und achte Unterrichtsstunde / Die dritte Doppelstunde 82

4.5.1. Stundenziel 82

4.5.2. Stundenverlauf 82

4.6. Die Abschlussstunde (neunte Unterrichtsstunde) 83

5. Lernzielkontrolle 85

6. Schlussbetrachtung 87

LITERATURVERZEICHNIS 91

ANHANG 94

Einleitung

Die vorliegende Arbeit dokumentiert den Prozess des Aufbaus eines Lehrstücks mit Schüler/innen im Deutschunterricht und den Weg zur ersten gemeinsamen „Bühnenproduktion" im Klassenzimmer. Ziel dieser pädagogischen Studie ist es, die einzelnen Schritte des Prozesses so offen und allgemeingültig darzustellen, dass sie auch als Nachschlagewerk zu allen Bereichen der praktischen Lehrstück-Theaterarbeit im Deutschunterricht dienen kann.

In dem ersten Kapitel sind die theoretischen Grundlagen der Lehrstücke beschrieben und analysiert. Die Sachanalyse der ausgesuchten Lehrstücke steht als Erstes im Vordergrund. Zunächst soll in dieser Sachanalyse die Genese der Lehrstücke, die Anwendbarkeit (für die Schule), der historische Kontext und die theoretischen Diskussionen über die Lehrstücke dargelegt und kommentiert werden.

Zusätzlich wird, im Zuge der aktuellen Diskussionen, die Evaluation von Lehre und Unterrichtsinhalten in dieser Arbeit eine gewichtige Rolle spielen. Dafür werden im anschließenden Kapitel die theoretischen Grundlagen aufgezeigt und behandelt. Der Bezug zu den Lehrstücken Bertolt Brechts wird im Rahmen dieser Diskussion offensichtlich. Wichtig ist hierbei die Auswahl eines geeigneten Evaluationsinstruments, für den mit den Lehrstücken gestalteten Deutschunterricht in einer neunten Klasse der Sekundarstufe I.

Anschließend werden die Unterrichtsstunden mit ihren Grob-, Lern- und Feinzielen (verschiedener Dimensionen) vorgestellt. Dabei steht in erster Linie prozessorientiert das Wachsen der spielerischen Möglichkeiten im Blickpunkt. Durch den Einstieg in elementarste Übungen zur Erfahrung der eigenen Ausdrucksmöglichkeiten (z. B. die verfremdende Verwendung von Gegenständen)[2] wendet sich diese Arbeit durchaus an Anfänger, die außer ihrer Lust und Neugierde auf das Theatermachen noch keinerlei Erfahrung vorweisen können. Ge-

[2] vide infra, p. 72.

rade dafür eignen sich die Lehrstücke Bertolt Brechts, da sie speziell für „Laien“ ohne Theatererfahrung konzipiert wurden.

Abschließend wird in der Schlussbetrachtung unter anderem ein (natürlich positives) Fazit über die praktische Anwendbarkeit der Lehrstücke in der Sekundarstufe I gezogen.

I Theoretischer Teil

Allgemeine Vorbemerkungen zur Thematik

Wer sich mit den Lehrstücken Bertolt Brechts beschäftigt, wird dies unter zwei Gesichtspunkten tun: unter dem des Vergnügens, das es bereitet, und unter dem des Lernens. Diese pädagogische Arbeit stellt eine Möglichkeit dar, Brechts Modell des Lehrstück-Theaters näher zu erforschen und dessen Anwendbarkeit für die heutige Schule heraus zu arbeiten.

Um die vorliegende Studie zu verstehen, genügt es, auf fünf Merkmale des Lehrstück-Konzeptes hinzuweisen:[3]

a) Brecht konzipierte das Lehrstück als Theater ohne Publikum, zum „Spielen für sich selber", als Theater zur Selbstverständigung und Selbstbelehrung (Kunst für den Produzenten).

b) Die sechs brechtschen Lehrstücktexte, von denen vier[4] unmittelbar für den schulischen Gebrauch bestimmt sind, arbeiten vor allem mit negativen (oder, wie Brecht sagt, „asozialen") Mustern von Haltungen, Sprechweisen und Gesten.

c) Lehrstücke haben keine sich entwickelnden Charaktere, sondern weisen vielmehr unterschiedliche und widersprüchliche Situationen auf, die wie ein Thema mit Variationen aus verschiedenen Perspektiven um ein gegebenes Problem angeordnet sind.

---

[3] Auf Anregung Bertolt Brechts: Lehrstücke mit Schülern, Arbeitern, Theaterleuten. Herausgeber: Reiner Steinweg. Frankfurt am Main: 1978, p. 7 und 8.

[4] *Der Lindberghflug* (1950 umbenannt in *Der Ozeanflug*), *Der Jasager / Der Neinsager, Die Ausnahme und die Regel*, *Die Horatier und die Kuratier*. *Der Flug der Lindberghs* wurde von Brecht als „Radiolehrstück für Knaben und Mädchen - ein pädagogisches Unternehmen" bezeichnet (*Brechts Modell der Lehrstücke* Text 50), *Der Jasager / Der Neinsager* als „Schuloper" bzw. als „Lehrstück für Schulen" (ebd. Texte 65, 66, 101, 132), *Die Ausnahme und die Regel* und *Die Horatier und die Kuratier* als „Stücke für Schulen" (ebd. Texte 172 und 177). Nicht für Schulen bestimmt sind *Das Badener Lehrstück vom Einverständnis* und *Die Maßnahme*.

d) Es handelt sich nicht um Thesenstücke, bei denen die Textaussage das Lernziel darstellt.

e) Die Texte sind nur als Vorlagen gedacht. Sie können und sollen nach eingehender spielpraktischer Prüfung kritisiert, ergänzt und/oder variiert werden.

Aufgrund des in Punkt b) aufgeführten Kriteriums werden in dieser pädagogischen Arbeit exemplarisch nur die Lehrstücke, die Brecht für die Schule vorgesehen hat, behandelt: *Der Jasager* (1. Fassung), *Der Jasager* (2. Fassung) *und Der Neinsager*.

Neben den unter Punkt b) aufgeführten Lehrstücken hatte Brecht auch die Konzeptionen zu anderen Lehrstücken bearbeitet, wie z. B. 'Untergang des Egoisten Johann Fatzer' (1930), 'Der böse Baal der asoziale' (1930), und 'Die neue Sonne' (1953). Diese sind jedoch Fragmente geblieben.[5]

[5] Kamath, Rekha: Brechts Lehrstück-Modell als Bruch mit den bürgerlichen Traditionen. Frankfurt am Main/Bern: 1983, p. 35.

1. Sachanalyse der Lehrstücke *Der Jasager; Der Jasager und Der Neinsager*

Der Begriff „Lehrstück" erscheint zunächst im Titel eines Stückes, das im Juli 1929 in Baden-Baden uraufgeführt wurde. Später verwendet Bertolt Brecht diese Bezeichnung als Begriff auf alle Stücke des gleichen Typs und gibt diesem Werk den Titel *Das Badener Lehrstück vom Einverständnis*.[6]

1.1. *Der Jasager* (1. Fassung), *Der Jasager und Der Neinsager*

1.1.1. Entstehung

Im Winter 1928/29 wird Elisabeth Hauptmann mit Arthur Waleys englischer Übersetzung japanischer Nô-Spiele bekannt. Sie ist fasziniert von der „ruhigen intensiven Fabelführung" und der „schönen dramaturgischen Vielfalt" der Stücke[7], so dass sie freie Übersetzungen anfertigt. Als Kurt Weill im Winter 1929/30 (während der Tage der „Neuen Musik Berlin") einen Text für eine Schuloper sucht, schlägt ihm Elisabeth Hauptmann das Stück *Taniko* von Zenchiku, das sie übersetzt hat, vor. Auf Kurt Weills Initiative hin beschäftigt sich Brecht mit der Übersetzung und wird um eine Bearbeitung gebeten, die er im Frühjahr 1930 durchführt. Die Idee einer „Schuloper" stammt von Kurt Weill und wird von ihm in dreierlei Sinn aufgefasst:[8]

- erstens eine Oper für die Schule (für Kinder);
- zweitens eine Oper zur Schulung von Komponisten, die auf eine neue Art der Opern-Komposition aufmerksam gemacht werden sollen;
- drittens eine Oper zur Schulung der Ausführenden, und zwar sowohl in musikalischer als auch in „geistiger" Hinsicht.

---

[6] Steinweg (1978), op. cit., p. 6.

[7] Hauptmann, Elisabeth: Bericht von der Entstehung, In: Das Lehrstück. Reiner Stinweg [ed.] Stuttgart: 1972, p. 65.

[8] Knopf, Jan: Brecht-Handbuch. Theater. Eine Ästhetik der Widersprüche. Stuttgart: 1980, p. 88.

Im April 1930 nennt Kurt Weill in einem Gespräch den Titel der Schuloper noch *Lehrstück vom Jasager*.[9] Als das Stück am 23.06.1930 durch die Musikabteilung des „Zentralinstitutes für Erziehung und Unterricht“ uraufgeführt wird, heißt es nur noch *Der Jasager*. Der Terminus Lehrstück, der zunächst in Anlehnung an das *Badener Lehrstück vom Einverständnis* formuliert worden ist, wird eventuell getilgt, „um den Eindruck zu vermeiden“, das Stück solle die Schüler/innen zu einem „unreflektierten ‘Jasagen’ im Sinne ‘unbedingten Gehorsams’ erziehen.“[10] Die Reaktion auf die Uraufführung, an der Brecht nicht beteiligt ist, veranlasst Brecht und Weill, die Schuloper einer Schule zur Aufführung zu übergeben, um ihre Wirkung auf Schüler zu überprüfen. Diese Aufführung wird im Sommer 1930 von Schülern der Karl-Marx-Schule in Neukölln erarbeitet, die ihre Einschätzung der Oper protokollieren. Aufgrund dieser Protokolle, die den „Opfertod“ des Knaben kritisieren und nach anderen Lösungsmöglichkeiten fragen, schreibt Brecht den *Jasager* um und fügt als Pendant den *Neinsager* hinzu. *Der Jasager und Der Neinsager* sind zwei (auf die alte Fassung des Jasagers folgende) nebeneinander und als „Einheit“ aufzufassende Stücke: „Die zwei kleinen Stücke sollten womöglich nicht eins ohne das andere aufgeführt werden.“[11] Nur die erste Fassung des *Jasagers* ist eine Schuloper im engeren Sinn. Denn nur zu ihr hat Kurt Weill die Musik geschrieben.[12] Trotzdem tragen *Der Jasager und Der Neinsager* den Untertitel Schuloper und werden erstmals 1931 in den Heften „Versuche“ publiziert.[13]

---

[9] Weill, Kurt: Ausgewählte Schriften. ed. David Crew. Frankfurt am Main: 1975, p. 61-70.

[10] Steinweg (1972), op. cit., p. 85.

[11] Brecht, Bertolt: Ausgewählte Werke in sechs Bänden. Erster Band. Frankfurt am Main: 1997: p. 304.

[12] Knopf, op. cit., p. 88: Wobei die Musik auf die zweite Fassung des *Jasagers* mit Einschränkungen, nicht aber auf den *Neinsager* übertragbar ist: die musikalische Aufführung des Todessymbols hängt in der Luft.

[13] ibid., p. 88.

1.1.2. Vergleich mit der Vorlage und Fassungsvergleich

Nô-Spiele sind japanische Bühnensingspiele, die aus einem Kult entstanden sind und meist auch religiöse Themen behandeln. Ihre Handlung ist zwar einfach, aber nicht primitiv, sie ist feierlich und sehr genau festgelegt. Gespielt wird mit äußerster Expression (Masken) der Gesten und Haltungen, aber ohne Seelen- und Situationsdramatik. Die Handlung ist konzentriert, die Exposition[14] (als die Handlungsvoraussetzung und der Handlungsbeginn) wird durchweg vorgetragen, und zwar durch einen Chor, der auch als Verbindungsglied von Handlungsteilen fungiert.[15]

Das Nô-Spiel vom *Wurf ins Tal* wird dem japanischen Dichter Zenchiku (1405-1468), einem Schüler des Seami, zugeschrieben. Waleys Übersetzung, die Brecht bearbeitet hat, weist nicht den vollständigen Text des Nô-Spiels auf. Waley schließt sein Stück mit dem Wurf ins Tal, also mit der „Katastrophe"[16], wohingegen das Nô-Spiel an dieser Stelle nur seine Peripetie hat und mit der Auferstehung des Knaben endet.[17]

Das Stück fixiert den Tod des Knaben vor dem Hintergrund eines religiösen Brauchs, der es nicht zulässt, dass einer der Pilger, von „Krankheit gezeichnet" (d. h. religiös: unrein bzw. schuldig geworden) die Reise zum Heiligtum fortsetzt. Der Knabe erkennt den „Brauch" bzw. Ritus an und mit seinem Tod bestätigt, sühnt er sogleich seine Unreinheit und ermöglicht so den letztendlich „guten" Schluss.[18]

---

[14] Der Literatur Brockhaus. Grundlegend überarbeitete und erweiterte Taschenbuchausgabe in 8 Bänden. Band 3. Werner Habicht, Wolf-Dieter Lange und der Brockhaus-Redaktion. Mannheim/Leipzig/Wien/Zürich: 1995, p. 129.

[15] Knopf, op. cit., p. 89.

[16] Aristoteles: Poetik 5-11. In: Arbeitstexte für den Unterricht. Theorie des Dramas. Für die Sekundarstufe herausgegeben von Ulrich Staehle. Stuttgart: 1997, p. 13: Nach der aristotelischen Dramentheorie, bei der jedes Stück mit der Lösung oder der Katastrophe endet. vide infra, p. 60.

[17] Knopf, op. cit., p. 89.

[18] ibid., p. 89.

Waleys Übersetzung behält die Art der Reise (Pilgerreise) und ihre Begründung (Beten für die kranke Mutter) bei. Ausgangspunkt ist die ausdrücklich betonte Frömmigkeit des Knaben, die ihn zur Mitreise bewegt. Waley verwischt die religiöse Ausrichtung des Textes, indem der Knabe im Verlauf der Reise „nur“ krank wird. Der religiöse Aspekt seiner Krankheit bleibt unausgesprochen. Dadurch erhält der Brauch den Charakter eines sinnlosen, unmenschlichen Gesetzes und der Tod des Knaben etwas von Willkür.[19]

Brecht und Weill suchten nach einer Begründung für diese Vorgänge, „die erst eine pädagogische Verwertung berechtigt erscheinen lässt“:[20] sie liegt im Begriff des „**Einverständnisses**“, den der große Chor in einer Art Prolog entwickelt, und der Knabe wird, vor seiner Tötung nach seinem Einverständnis gefragt, als *Jasager* bestätigt.[21]

Der bei Waley schon nicht mehr realisierte religiöse Inhalt des Stücks wird ganz aufgegeben. Die Schule ist keine Tempelschule mehr, die Reise eine Forschungsreise zu den „großen Lehrern“ geworden, bei denen der Knabe Rat und Medizin für die kranke Mutter einholen will. Hinzu kommt, dass Brecht nicht schon die Erkrankung des Knaben als Voraussetzung für die Tötung akzeptiert, sondern er tut dies erst zusammen mit der Tatsache, dass eine Fortsetzung der Expedition gemeinsam mit dem Knaben durch einen schmalen Felsgrad unmöglich wird. Der kranke Knabe hat nicht die Kraft, den Grat zu überwinden, wird nach seinem Einverständnis gefragt und hinabgestürzt.[22]

Insgesamt handelt es sich bei diesen Lehrstücken nicht um die Verweltlichung eines ehemals religiösen Stoffs, sondern *um seine grundsätzliche Wendung zu einer neuen Thematik: wieviel Einsatz, Arbeit, Zuwendung darf der Einzelne*

---

[19] ibid., p. 89.

[20] Weill, op. cit., p. 63.

[21] ibid., p. 63: „Er beweist durch die Erklärung seines Einverständnisses, dass er gelernt hat, für eine Gemeinschaft oder für eine Idee, der er sich angeschlossen hat, alle Konsequenzen auf sich zu nehmen.“

[22] Brecht (1997), op. cit., p. 310 und 311.

von der Gemeinschaft fordern; an welcher Grenze darf die Gemeinschaft sich überfordert fühlen und Hilfe abweisen.[23] Es geht nicht mehr um den Brauch schlechthin, sondern um die Gemeinschaft, die durch ihn repräsentiert ist.

Die Protokolle der Schüler aus Neukölln weisen im Sperrdruck die Gründe auf, die Brecht zur Neufassung des *Jasagers* bewogen haben:[24]

a) die mangelnden Versuche, den Knaben mit Hilfsmitteln über den Grat zu bringen;
b) die Motivation der Reise, die keinen gemeinsamen Zweck von den Forschungsreisenden und dem Knaben hat;
c) die Mythisierung des Themas durch den Brauch, der „von alters her besteht" und auch das Einverständnis bereits vorschreibt.

Die Neufassung bemüht sich daher darum, die mythischen Elemente zu tilgen und an ihre Stelle reale Notwendigkeiten zu setzen. So handelt es sich nicht mehr um eine Forschungsreise, sondern um eine Expedition, die notwendig wird, weil in der Stadt eine Seuche ausgebrochen ist, die nur mit Rat und Medizin der jenseits der Berge wohnenden „großen Ärzte" zu bekämpfen ist. Die Begründung des Knabens, er müsse mitkommen, weil seine Mutter „auch" krank ist, entbehrt angesichts der allgemeinen Situation der Notwendigkeit, sie verdeutlicht dadurch zugleich aber den Zwang, dass er sich (dem gemeinsamen Zweck der Reise gemäß) der Gemeinschaft unterzuordnen hat. Als der Knabe krank wird, unterstreicht Brecht (noch entschiedener als in der ersten Fassung gegenüber Waley) die Versuche, dem Knaben durch die Gemeinschaft Hilfe zukommen zu lassen. Erst als alle Anstrengungen versagen, fragt der Lehrer den Knaben, ob die Expedition seinetwegen umkehren solle oder ihn zurück lassen soll (vom Brauch ist hier nicht mehr die Rede). Da der Knabe die Hilfsexpedi-

---

[23] Szondi, Peter: Nachwort. In: Bert Brecht: Der Jasager und Der Neinsager. Vorlagen, Fassungen, Materialien. Herausgegeben und mit einem Nachwort versehen von Peter Szondi. Frankfur am Main: 1966, p. 106.

[24] Brecht, Bertholt: Große kommentierte Berliner und Frankfurter Ausgabe. Stücke 4. Band. Werner Hecht, Jan Knopf, Werner Mittenzwei und Klaus-Detlef Müller [eds.]. Berlin, Weimar und Frankfurt am Main: 1988, p. 248-253.

tion gefährdet, antwortet er der Notwendigkeit gemäß mit „Ja", man soll ihn zurücklassen. Mehr noch, denn er fordert: man soll ihn in den Abgrund werfen.[25]

Bis zu Szondis Neuausgabe vom *Jasager* und *Neinsager* hat sich in der Brecht-Forschung hartnäckig die Ansicht gehalten, dass der *Neinsager* gegenüber dem *Jasager* (2. Fassung) lediglich einen veränderten Schluss aufweise. Tatsächlich aber knüpft der *Neinsager* an die mangelhafte Begründung (Forschungsreise) des 1. *Jasagers* sowie an seine Mythisierung an. Es ist dann wieder vom großen Brauch die Rede. Der Grat wird nicht zu überwinden versucht, die ganze Angelegenheit hat also wieder die alten irrationalen Züge. Deswegen, und zwar nun vor dem Hintergrund des verschärften *Jasagers*, ist es möglich, „Nein" zu sagen und dem Brauch nicht zu folgen, weil keine Notwendigkeit dafür besteht. Anstatt den Knaben ins Tal zu werfen, tragen sie ihn in die Stadt zurück, den Schmähungen derjenigen entgegen, die nach dem alten Brauch leben: „Keiner feiger als sein Nachbar".[26]

1.1.3. Analyse und Deutungen

Thema aller drei Stücke ist das „Einverständnis", das die Gemeinschaft vom Einzelnen fordert. Aber dem „Einverständnis" geht in der ersten Fassung des *Jasagers* das „Nicht-Einverständnis" voraus, wobei es kennzeichnend ist, dass auch das „Nicht-Einverständnis" als „Einverständnis" ausdrücklich apostrophiert wird:[27]

> *„Oh, welch tiefes Einverständnis.*
> *Viele sind einverstanden mit Falschem, aber er*
> *Ist nicht einverstanden mit der Krankheit, sondern*
> *Dass die Krankheit geheilt wird."*

Der Lehrer und die Mutter sagen (singen) es zusammen. Zugleich stellt dies ihre Zustimmung zur Reise dar, und das heißt: die Tatsache, dass der Knabe seiner Mutter, die nur noch ihn hat, helfen will, dass er mit ihrer Krankheit nicht einverstanden

[25] Brecht (1997), op. cit., p. 309 und 310.
[26] ibid., p. 317 und 318.
[27] ibid., p. 307.

ist, macht ihn „würdig“ (bzw. „reif) für die Gefahren der Reise.[28] Der Knabe erscheint zu diesem Zeitpunkt älter, als er tatsächlich ist.

Sprachlich ist dieser Sachverhalt im „tiefen Einverständnis“ gefasst, das auch das „Nicht-Einverständnis“ einschließt.[29] Der Begriff ist damit im Stück von vornherein „widersprüchlich“ (bzw. dialektisch) aufgefasst. Sich mit bestimmten Dingen (im *Jasager* mit der Krankheit) nicht einverstanden zu erklären, gehört ebenso zum Einverständnis, wie mit bestimmten Dingen einverstanden zu sein (im *Jasager* mit dem Tod).[30] Insofern ist der Begriff durchaus komplex, er ist von zwei Seiten beleuchtet.

Der erste *Jasager* sollte zeigen, dass der Einzelne, der sich unter bestimmten Bedingungen, die ihm bekannt gemacht werden, der Gemeinschaft anschließt, nicht von ihr verlangen kann, *dass diese Gemeinschaft ihre Pläne und Ziele zu Gunsten des Einzelnen aufgibt* (dies konnte die erste Fassung des Jasagers nicht leisten)[31]. Die Gemeinschaft fordert von dem Knaben die Anerkennung ihrer Gesetze und notfalls seine Unterwerfung.[32]

Dass Brecht dies mit der ersten Fassung nicht gelungen ist, liegt vor allem daran, dass der Knabe und die Gemeinschaft, der er sich anschließt, keine wirkliche Gemeinschaft sind. Die Begründung für den Tod des Knaben ist zu vage und uneinsehbar gestaltet. Das Einverständnis gilt einem „alten Brauch“, der mythisiert ist und einer anonymen Instanz gegenüber, von der nicht einzusehen ist, wieso sie Recht haben soll.[33]

Brecht hat die Kritik akzeptiert und daher die zweite Fassung des Jasagers in genau diesen Punkten ganz entscheidend geändert. Die Reise ist gemeinsame

---

[28] Knopf, op. cit., p. 90.

[29] Steinweg (1972), op. cit., p. 34: *„Einverstanden sein heißt auch, nicht einverstanden sein.“*

[30] Knopf, op. cit., p. 90.

[31] ibid., p. 90.

[32] ibid., p. 90.

[33] ibid., p. 91.

und notwendige Hilfsaktion zur Rettung der Stadt. Der Brauch ist getilgt, und dem Knaben wird zunächst mit allen Mitteln geholfen. Erst als die Fortsetzung der Hilfsexpedition mit dem Knaben nicht mehr möglich ist, wird er um sein Einverständnis, zurückgelassen zu werden, gebeten. Der Wurf ins Tal ist jetzt der ausdrückliche Wunsch des Knaben.[34]

Die zweite Fassung gestaltet einen tragischen Konflikt, erneuert insofern das Muster der alten japanischen Tragödie. Es gibt keinen Ausweg ohne Opfer mehr: Hilft man dem Knaben, so kann den Kranken der Stadt nicht geholfen werden, hilft man den Kranken, dann nur über die Leiche des Knaben. Wie in der alten Tragödie erkennt der Einzelne das Gesetz der Notwendigkeit an, und er opfert sich, um sich gerade dadurch zu bestätigen.[35]

Es darf vermutet werden, dass der tragische Opfertod des Knaben, der in klassischer Weise „Exemplarität" bedeutet, den *Neinsager* provoziert hat. Der erste *Jasager* sollte das Eingehen des Einzelnen in die Gemeinschaft zeigen (bis zur Konsequenz der Selbstauflösung), der zweite *Jasager* bestätigt den tragischen Konflikt des Individuums und seiner Exemplarität für die Gemeinschaft (d. h., nicht die Gemeinschaft setzt die Zeichen, sondern das Individuum tut es und wird heroisiert). Somit erhalten die konservativen Zustimmer der ersten Fassung in der zweiten Fassung Recht. Aus der Freiheit und Einsicht des Knaben in der ersten Fassung (mit dem tiefen Einverständnis gegen die Krankheit ausgedrückt), ist die Notwendigkeit geworden, ein Schicksal anzuerkennen. Dies bedeutet Freiheit durch Notwendigkeit ganz gegen die Intension Brechts.[36]

Der Neinsager ist damit die notwendige Ergänzung zum *Jasager*, in dem er die Notwendigkeit des zweiten *Jasagers* in die Freiheit zur Veränderung wendet. Es ist bezeichnend, dass der *Neinsager* den Beginn des ersten *Jasagers* wieder aufnimmt, jedoch ohne das „Einverständnis" des Knaben zu Beginn zu betonen. Der Vers:

---

[34] Brecht (1997), op. cit., p. 309 und 311.

[35] Knopf, op. cit., p. 91.

[36] ibid., p. 91.

„Oh, welch tiefes Einverständnis“ ist ersatzlos getilgt.[37] Der Knabe zeigt sich von vornherein als einer, der nicht einverstanden ist, der Widerstand entgegensetzt, der bereit ist, neue Wege zu gehen.[38] Die mangelnde Begründung und Mythisierung sind im *Neinsager* Voraussetzung für die neue Lösung. Es ist keine Vernunft im alten Brauch, es müsse ein neuer Brauch her, nämlich der, „in jeder neuen Lage neu nach zudenken“.[39]

Freilich ist das „Nein-Sagen“ keine „revolutionäre“ Lösung. Mit dem „Nein“ des *Neinsagers* ist der alte Brauch nicht außer Kraft gesetzt. Er repräsentiert die Gesellschaft, zu der die Teilnehmer der Expedition gehören. Der neue Brauch ist erst in der Gesellschaft durchzusetzen, und ob er durchgesetzt wird, zeigt das Stück nicht.[40] Die Teilnehmer vertrauen auf die rationale Kraft ihres gemeinschaftlich getragenen Vorbilds. Aber sie stehen als Gruppe gegen die Gesellschaft, die sie von der Vernunft ihres neuen Brauchs überzeugen müssen.

Die drei kurzen Stücke haben eine einfache Handlung und pflegen eine einfache Sprache, die gegenüber den Möglichkeiten, die Brecht vorher unter Beweis gestellt hat, geradezu als grandiose Verarmung erscheinen müssen. Die Rezeption dieser Werke hat gezeigt, dass Einfachheit nicht Primitivität bedeuten muss. Die Stücke erweisen sich als komplexer, als angenommen wurde (was sich auch dadurch zeigt, dass die Stücke bis heute noch falsch nacherzählt und miteinander verwechselt werden). Die Sprache offenbarte sich als dialektischer, als ihre einfache Syntax es vermuten lässt. Auch fehlt keineswegs der Anteil von Gefühl, der den Lehrstücken insgesamt (als rationalen Stücken) abgesprochen worden ist. Die „Opferung“ des Knaben ist bereits in der ersten Fassung des *Jasagers* mit besonders in diesem einfachen Kontext wirkungsvollen Gefühlszeichen versehen:[41]

---

[37] Brecht (1997), op. cit., p. 314.
[38] Knopf, op. cit., p. 91.
[39] Brecht (1997), op. cit., p. 317.
[40] Knopf, op. cit., p. 91.

„Dann nahmen die Freunde den Krug
Und beklagten die traurigen Wege der Welt
Und ihr bitteres Gesetz
Und warfen den Knaben hinab.
Fuß an Fuß standen sie zusammengedrängt
An dem Rande des Abgrunds
Und warfen ihn hinab mit geschlossenen Augen
Keiner schuldiger als sein Nachbar
Und warfen Erdklumpen
Und flache Steine
Hinterher"

Die drei Studenten der Expedition heißen nun (und erstmals) „Freunde", die die Verantwortung des Knaben für die Mutter übernehmen. Sie führen den Brauch nicht mit freudiger Zustimmung aus, sondern mit Anteilnahme und Bitterkeit. Sie vollführen das Werk gemeinsam und jeder braucht den Halt des anderen. Dabei hat auch jeder zugleich den selben Anteil an der Schuld. Eine Schuld, die nicht zurückgenommen wird.[42]

1.1.4. Einfachheit der Musik

Kurt Weill hat den Charakter der Musik mit dem Begriff „Gestus" umschrieben, der die Haltungen zwischen den Menschen, nicht das Innere eines einzelnen Menschen fixiert. Die Musik unterstreicht und verstärkt somit die Aussage des Wortes und vernichtet bzw. übertönt diese nicht.[43] In den Lehrstücken werden einfache Gesten umgesetzt, wobei Weill ausdrücklich betont, dass er „bei aller Einfachheit [...] doch sein Bestes und Höchstes geben" muss.[44] Die Einfachheit

---

[41] Brecht (1997), op. cit., p. 318.
[42] Knopf, op. cit., p. 92.
[43] ibid., p. 92.
[44] Weill, op. cit., p. 64.

ist kunstvoll, sie setzt die Kompliziertheit und die Komplexität voraus und ist keine Flucht in die Primitivität.[45] Die Einfachheit ist dann das kunstvolle Resultat des Schwierigen. Deshalb „sind die einfachen Werke keine Nebenwerke, sondern Hauptwerke."[46]

1.1.5. Aufführungen

Die Uraufführung fand (wie oben erwähnt) am 23.6.1930 durch das Zentralinstitut für Erziehung und Unterricht in Berlin statt. Gespielt wurde die erste Fassung des *Jasagers*, ihr folgte keine weitere offizielle Aufführung. Von einer offiziellen Uraufführung des *Jasagers* und des *Neinsagers* ist in der Brecht-Forschung (bis zum heutigen Stand) nichts bekannt. Wyss[47] dokumentiert lediglich eine Schulaufführung von 1958 in Düsseldorf (Comeniusgymnasium). Dabei gehören *Der Jasager und Der Neinsager* zu Brechts meistgespielten Stücken (überwiegend auf Schulen und Laiengruppen beschränkt).[48]

[45] Knopf, op. cit., p. 92.
[46] Weill, op. cit., p. 64.
[47] Wyss, Monika: Brecht in der Kritik. München: 1977, p. 126-131.

1.2. Zu der Theorie der „Lehrstücke" (ab 1929)

1.2.1. Die Lehrstücke

Die Brecht-Forschung war sich bis 1972 darüber einig, in den Lehrstücken das Produkt einer vulgärmarxistischen Übergangsphase des Dichters zu sehen. Diese Phase sollte mit dem Studium des Marxismus (ab 1927) einsetzen und mit dem ersten „reifen" Stück, dem *Leben des Galilei* (1938), enden, mit dem Brecht sowohl zur „wahren" Wirklichkeit als auch zu sich selbst gefunden haben soll.[49] Da der Niederschlag der marxistischen Studien nicht sofort erfolgte, gelten die „epischen Opern" *(Mahagonny* (1928) und *Dreigroschenoper* (1927)), obwohl sie zum Teil auch in dieser Zeit entstanden sind, ausdrücklich nicht als Lehrstücke. Die Forschung hat, den Begriff „Lehrstück" im Sinn von „Didaktik des Marxismus" verstehend, teilweise auch *Die heilige Johanna der Schlachthöfe* (1929-1931) und *Die Mutter* (1931) zum engeren Kreis der Lehrstücke gezählt.

1.2.2. Die traditionelle Lehrstück-Theorie der Forschung

Die traditionelle Einordnung der Lehrstücke und ihre theoretische Erfassung basieren auf der „Phasentheorie".[50] Danach folgt auf die anarchistisch-nihilistisch-individualistisch bestimmte Phase der Jugendzeit (*Baal*-Typus) in „dialektischem" Umschlag die anti-individualistisch-kollektivistisch-mechanistisch und von Unterwerfung bestimmte Phase der Lehrstücke (*Maßnahme*-Typus):

---

[48] Knopf, op. cit., p. 92: 1930 bis 1932 wird das Stück ca. 48mal aufgeführt und dann bis 1945 verboten. Vgl. p. 31.

[49] Knopf, op. cit., p. 417.

[50] ibid., p. 418 und 412:

1. Phase: 1913-1926: subjektivistisch, individualistisch, nihilistisch, anarchistisch (*Baal*-Typus);
2. Phase: 1926- ca. 1931/33: objektivistisch, vulgärmarxistisch, unterwürfig, autoritär, lehrhaft (*Mann ist Mann*-Typus/*Lehrstück*-Typus;
3. Phase: 1933-1956: „Vermittlung" der ersten beiden Phasen, ihre „reife Synthese (*Puntila*-Typus; *Galilei*-Typus).

„Der rein negativen Anprangerung der Sünden der kapitalistischen Gesellschaftsordnung folgte in Brechts Entwicklung jene Phase der Lehrstücke, die dadurch gekennzeichnet ist, dass sich der Dichter dem zentralen moralischen Problem des Kommunismus zuwendet, der Frage der Disziplin, der Unterwerfung des freiheitsdurstigen Individuums unter eine eiserne Zucht im Dienste der zu erringenden Freiheit. Für den zügellosen Anarchisten und Individualisten Brecht war gerade dies ein magnetischer Anziehungspunkt der Kommunistischen Partei. Denn hier bot sich dem ständig von der Gefahr der Selbstaufgabe und inneren Auflösung bedrohten Nihilisten der starke äußere Rahmen der Ordnung. Der Nihilist Brecht brauchte einen Glauben, der anarchistische Dichter eine harte äußere Form. Er fand sie beim Marxismus mit seiner strengen Logik und bei der Partei mit ihrer unerbittlichen Forderung nach Disziplin.“[51]

Diese, weitgehend psychologisch ausgerichtete Argumentation der Forschung ist auf die Analyse der Lehrstücke selbst bezogen, als deren Themen „Ordnung, Disziplin, Selbstunterwerfung, Unterwerfung unter die ehernen dialektischen Gesetze der Geschichte“ angegeben werden.[52] Brecht wird so zum „Didaktiker des Marxismus“:

„Nachdem das jugendliche Chaos seiner dramatischen Lehrzeit ‘aufgebraucht’ und das Gerüst einer marxistischen Philosophie genügend zementiert war, kamen seine latenten schulmeisterlichen Tendenzen zum Vorschein, und er benutzte das Theater als pädagogisches Forum“.[53] Entsprechend fand man die Tradition der Lehrstücke im Schuldrama der Reformation und des Humanismus, das „zum Lehrplan im sechzehnten Jahrhundert“ gehörte, „indem es den Schülern Gelegenheit gab, die Meisterschaft im Lateinischen (später auch im Deut-

[51] Esslin, Martin: Brecht. Das Paradox des politischen Dichters. München: 1970, p. 202 und 203.

[52] ibid., p. 203.

[53] Hill, Claude: Bertolt Brecht. München: 1978, p. 60.

schen) unter Beweis zu stellen, wobei Gedächtnis, Vortragskunst und Körperhaltung geübt wurden."[54]

Erst 1972, als Reiner Steinwegs Buch „Das Lehrstück" erschien, gab es eine Theorie der Lehrstücke in der Brecht-Forschung. Erst Steinwegs umfangreiche und akribische Forschungsarbeit hat aus dem vielfältigen Material der Archive die Theorie zum Vorschein gebracht, die viel weiter geht als die Lehrstücke selbst. Zugleich ist es aber hilfreich, neue Aspekte der Lehrstücke freizugeben. Ausgangspunkt der Theorie sind folgende zwei Äußerungen, die erste *Zur Theorie des Lehrstücks* überschrieben, die Brecht 1937 und 1956 geschrieben hat: „das lehrstück lehrt dadurch, daß es gespielt, nicht dadurch, daß es gesehen wird, prinzipiell ist für das lehrstück kein zuschauer nötig, jedoch kann er natürlich verwertet werden. es liegt dem lehrstück die erwartung zugrunde, daß der spielende durch die durchführung bestimmter handlungsweisen, einnahme bestimmter haltungen, wiedergabe bestimmter reden usw. gesellschaftlich beeinflußt werden kann...."[55] „Diese Bezeichnung [Lehrstück] gilt nur für Stücke, die für die Darstellenden lehrhaft sind. Sie benötigen so kein Publikum."[56]

Neben dem epischen Theater ist somit auch das Lehrstücktheater ein eigenständiges und gleichberechtigtes Theatermodell. Beweis dafür ist, dass Brecht auch das Lehrstücktheater theoretisch untermauert hat. Durch das theoretische Selbstverständnis dieser beiden Theaterformen wird aber auch deutlich, dass es grundlegende Unterschiede zwischen dem epischen und dem Lehrstücktheater gibt. Ausgehend von der 'Großen und Kleinen Pädagogik'[57] weist Reiner Steinweg auf die unterschiedlichen Voraussetzungen und Wirkungsabsichten

---

[54] ibid., p. 60.

[55] Reiner Steinweg [Hrsg.]: Brechts Modell der Lehrstücke. Zeugnisse, Diskussion, Erfahrungen.. Frankfurt am Main: 1976, p. 164.

[56] ibid., p. 199.

[57] Steinweg (1972), op. cit., p. 207: „Die 'Große Pädagogik' hebt das System Spieler und Zuschauer auf...", „Von der Kleinen Pädagogik erwartet Brecht lediglich eine Demokratisierung des Theaters..."

dieser 'Operationspläne' und auf die Einsetzbarkeit in unterschiedlichen gesellschaftlichen Situationen hin.[58] Das Lehrstücktheater unterscheidet sich vom epischen Theater nur der Form und der Einsetzbarkeit nach; das Neue am Lehrstück-Modell besteht laut Steinwegs Meinung: erstens in der Aufhebung des Systems Spieler-Zuschauer und zweitens im Anspruch des Lehrstücktheaters, Kunst für die Produzenten zu sein. Diese Punkte sind für diese pädagogische Arbeit von größtem Interesse, besonders im Hinblick auf die Anwendbarkeit in der Schule.

Steinweg bezeichnet die Bestimmung des „Spielens für sich selber, ohne Publikum" als **Basisregel** für das Lehrstück. Diese Regel ist Voraussetzung für das Zustandekommen des Lehrstücks bzw. für „alle weiteren zu dessen Konstituierung erforderlichen Vorgänge und Prozesse einschließlich der Textherstellung".[59]

Wie aus weiteren Äußerungen Brechts hervorgeht, bezieht sich das „Spielen für sich selber" nicht auf den traditionellen berufsmäßigen Schauspieler, sondern ausdrücklich auf Laien, die spielend Verhalten und Haltungen einüben und ausprobieren.[60] Die Basisregel wird sekundiert von der sogenannten **Realisationsregel**, die den weiteren entscheidenden Unterschied zum „Schaustück" des epischen Theaters bei Brecht markiert: „ästhetische maßstäbe für die gestaltung von personen, die für die schaustücke gelten, sind beim lehrstück außer funktion gesetzt."[61]

Das Lehrstück zeichnet sich dadurch aus, dass es keine Individuen, keine durch die Schauspieler „repräsentierte" Figuren gestaltet. Beide Regeln kommen zu-

---

58 ibid., p. 207: „Wenn die 'Kleine Pädagogik' für die aktuelle Phase der ersten proletarischen Revolution geplant ist, dann setzt die 'Große Pädagogik' jene radikale Umwälzung als bereits vollständig vollzogen voraus."

59 ibid., p. 87.

60 Knopf, op. cit., p. 419. Deswegen sind die Lehrstücke auch ausdrücklich für den „normalen" Schulbetrieb geschrieben, in dem sich normalerweise keine ausgebildeten Schauspieler als Schüler/innen aufhalten.

sammen, weil, wenn der Zuschauer fehlt, auch niemand da ist, vor dessen Augen der Darsteller eine Figur entstehen lassen könnte.[62] Dargestellt werden lediglich Verhaltensmuster, Haltungen, signifikante Situationen. Diese werden, wie ein Experiment im wortwörtlichen Sinn, demonstriert.[63]

Das angebotene Theatermodell ebenso wie der damit umgehende Mensch befinden sich im Brechttheater in einer ständigen Versuchssituation, in der Verhaltensweisen und gesellschaftliche Vorgänge untersucht werden mit dem Ziel, das historisch längst notwendig Mögliche dieser Gesellschaftsordnung zu erreichen.[64]

Die Lehrstücke sind für Reiner Steinweg eine Form des *wissenschaftlichen Experiments*.[65] Das wissenschaftliche Experiment an sich dient keinen heuristischen Zwecken, sondern der Festlegung von Tatsachen. Die Versuchsanordnung muss nach solchen Bedingungen eingerichtet sein, dass sie überprüfbar und wiederholbar ist. Eine wissenschaftlich-experimentelle Versuchsanordnung im Lehrstück sieht Steinweg dadurch gegeben, dass sich Variablen im Spielprozess isolieren und messen lassen. Dabei handelt es sich um die drei folgenden Faktoren:[66]

a) Muster von Redeweisen, Gesten und Haltungen, aus denen sich die Rollen im Lehrstück zusammensetzen, sind die unabhängigen Variablen des Experiments. Sie können als Reize verstanden werden, die der Autor als Versuchsleiter den Spielern als Versuchspersonen darbietet.

---

[61] Steinweg (1976), op. cit., p. 164.

[62] Steinweg (1972), op. cit., p. 154.

[63] Knopf, op. cit., p. 419.

[64] Richard, Jörg: Brechts Lehrstück-Theater und Lernen in der Schule. In: In: Auf Anregung Bertolt Brechts: Lehrstücke mit Schülern, Arbeitern, Theaterleuten. Reiner Steinweg (Hrsg.). Frankfurt am Main: 1978, p. 57-112, p. 58.

[65] Steinweg (1972), op. cit., p. 175.

[66] Steinweg, Reiner: Das Lehrstück - ein Modell des sozialistischen Theaters. In: alternative 78/79. 1971, p. 110.

b) Abhängige Variablen sind die Reaktionen der Spieler auf diese Darbietungen. Die Reaktionen sind u. a.: unterschiedliche Ausführungen der Muster, Kritik an ihren Ausführungen, an den Mustern und an der ganzen Versuchsanordnung.

c) Die Funktion von Messgeräten übernehmen Apparate, z. B. technische Geräte aus dem Medienbereich, und Protokollierung bzw. Evaluation des Versuchsablaufs. Sie objektivieren das Zeitmaß des Spielablaufs. Gleichzeitig ermöglichen sie eine jederzeit gegebene objektive Reproduktion. Die Versuchsanordnung betreffende Änderungswünsche müssen schriftlich geäußert werden, um sie als Ausgangspunkt für andere Versuche zu fixieren.

Diese Form wissenschaftlich-experimenteller Versuchsanordnung bezeichnet Reiner Steinweg als soziologisches Experiment. Steinweg erblickt das Soziologisch-Experimentelle im Lehrstück darin, dass die Spieler zunächst ihr eigenes Verhalten untersuchen.[67] Weiterhin erblickt er, dass im Lehrstück auch Untersuchungen großer gesellschaftlicher Vorgänge wie z. B. das Funktionieren der Gerichte (*Die Ausnahme und die Regel*) oder der Presse in der bürgerlichen Gesellschaft möglich sind.[68]

Nach curricularen Gesichtspunkten kann zu dieser Lernform des soziologischen Experiments gesagt werden: Das soziologische Experiment des Lehrstücktheaters ist die theatralische Form einer praktischen Situationsanalyse der eigenen Lebenspraxis der am Versuch Beteiligten. Es handelt sich somit um eine experimentell-politische Selbsterfahrung durch szenische Situationsanalyse.[69]

Lerngegenstände der Lehrstücke sind die Gesellschaft und das Verhalten der Spielenden (VsP = VersuchsPerson) in dieser Gesellschaft. Lerngegenstand ist aber auch das jeweilige Lehrstück selbst. Mit dem Lehrstück wird den Spielenden (VsP) ein Muster gesellschaftlicher Vorgänge und Verhaltensweisen an die

[67] Steinweg (1971), op. cit., p. 111.
[68] Richard, op. cit., p. 64.
[69] ibid., p. 65.

Hand gegeben. Für den Lernenden soll es zugleich Vorbildcharakter haben und seinen Widerspruch herausfordern.[70]

Seine Qualität liegt gerade darin, dass die Vielfalt eines historisch-konkreten Ausschnitts der Wirklichkeit der historisch-konkret gebundenen Verwicklungen und konkreten Abbildungsnotwendigkeiten entkleidet wird, um im theatralischen Modell als entfaltete Verallgemeinerung, als eine Art abstrakte Wirklichkeit das Wesen eines gesellschaftlichen Vorgangs aufzudecken.[71] Das Lehrstück bildet die konkrete Wirklichkeit in ihrer Abstraktion ab (*Verfremdungseffekt*).

Schon die Stücktitel von Brechts Lehrstücken verweisen auf ihren Abstraktionsgehalt: *Die Maßnahme*, *Der Jasager* usw. sind Wirklichkeitsmanifestationen eines auf ihren gesellschaftlichen Grundgestus zusammengefassten Verhaltenstypus.

Indem die Gesellschaft und das Verhalten der Spielenden durch diese Muster und deren experimentelle Anordnung ständig einer bestimmten, d. h. dialektischen Betrachtungs- und Handlungsweise unterworfen werden, lässt sich in einem curricularen Ansatz als oberstes Lernziel der Lehrstücke die *Einübung und Erprobung der dialektischen Methode* formulieren.[72] Die konkreten Komponenten der dialektischen Methode sind die folgenden Fähigkeiten, die es zu vermitteln gilt:[73]

- eingreifendes politisches Verhalten;
- Entwicklung neuer Haltungen (Verhaltensmuster);
- Disposition zum Disziplinverhalten als Einheit von individueller und kollektiver Freiheit;
- kritische Haltungen;
- kollektives Verhalten;
- Gesten zitierbar machen zu können usw.

[70] Richard, op. cit., p. 65 und 66.
[71] ibid., p. 66.
[72] Steinweg (1972), op. cit., p. 112.
[73] Steinweg (1978), op. cit., p. 155.

Zweifellos ist auch der Komplex, den die Brechtschen Lehrstücke behandeln, Gefolgschaft / Gehorsam / Individuum-Kollektiv-Masse / Gemeinschaft / Disziplin / Autonomie / Zentralismus ein wesentliches Problem der zwanziger und dreißiger Jahre des 20. Jahrhunderts, auf der Rechten („Gefolgschaft", „Führertum") wie auf der Linken („Parteidisziplin") Seite des politischen Spektrums.[74] Man kann aber davon ausgehen, dass dieses Problem auch in den Schulen erhebliche Bedeutung hatte und aufgrund der jüngsten Vorkommnisse[75] immer noch erhebliche Bedeutung hat.

---

[74] ibid., p. 9.

[75] Siehe Süddeutsche Zeitung vom 02.10, 04.10, 05.10 und 06.10.2000 usw.: Politisch motivierte Übergriffe auf Personen und öffentliche Einrichtungen.

1.3. *Die Lehrstück-Diskussion - Der Streit um die Lehrstück-Theorie*

Das seit Mitte der 70er Jahre des 20. Jahrhunderts verstärkt zu beobachtende **spielpraktische** Interesse an den Lehrstücken knüpfte nicht unmittelbar an Brechts eigene Lehrstückarbeit an. Die entscheidenden Impulse gingen von der Lehrstücktheorie Reiner Steinwegs aus, die sich damals durchzusetzen begann, und bald allgemein als adäquate Rekonstruktion des Brechtschen Spieltypus akzeptiert wurde. Während Steinwegs Buch „Das Lehrstück" von 1972, das einen Lehrstück-Boom ausgelöst hat, praktisch umsetzte, was die Theorie formuliert hatte und dabei außerordentlich bedeutsame Ergebnisse aufzeigte, hat sich die Forschung seit dem weitgehend von Steinweg distanziert.

Die Reaktionen stellten sich in der Brecht-Forschung langsam, aber umfangreich ein. Im Folgenden sind nur einige herausgegriffen:[76]

a) *Höger*

Diese umfangreiche Auseinandersetzung mit Steinweg bemängelt vor allem, dass dieser die einzelnen theoretischen Äußerungen Brechts zu wenig auf die jeweilige historische Realität bezogen und zugleich nicht in den Kontext der epischen Theatertheorie und Theaterpraxis einbezogen hat. Somit stellt er das, was Steinweg als Brechts Produkt ausgibt, als Steinwegs eigenes Produkt dar.[77]

b) *Balzer*

Innerhalb von Notizen zum neuen Spieltrend bewertet Balzer Steinwegs Thesen als Ausdruck gerade dieses neuen Spieltrends: nach den Fernseh-Spielen, Quiz-Spielen etc. werde der Bürger in der Bundesrepublik mit einem Spielangebot überschüttet, das ihm vorspiegelte, ihn zu „befreien", zu „bilden", vor allem aber auch in „Aktion zu setzen". In Wirklichkeit aber bedeute das Spielen ledig-

---

[76] Knopf, op. cit., p. 423.

[77] Höger, Alfons: Reiner Steinweg, Das Lehrstück. In: Text & Kontext 2, 1974, Heft 3, p. 100-124.

lich die Einübung gängiger Verhaltensmuster dieser Gesellschaft, die ihren Arm auf diese Weise auch in die Freizeit strecke und dort zur Verhaltenskonditionierung führe. Steinweg propagiere mit seiner Theorie nichts anderes als eben diese Spielerei. Die Emanzipation und Befreiung (auch die selbstverwirklichende Aktion) sind lediglich Illusion. Was sich kritisch versteht, vollführt nur, was ohnehin vorgezeichnet ist. Steinweg sei dem Trend, ohne es zu wissen, gefolgt.[78]

c) *Mittenzwei*

Diese einzige gewichtige Stellungnahme aus der damaligen DDR zu Steinweg erkennt den initiierenden Charakter der Lehrstücktheorie an, restauriert aber die alten Positionen völlig, suggerierend, dass die „revolutionären" Teile der Lehrstücktheorie in der sozialistischen Gesellschaft der DDR weitgehend fruchtbar geworden wären. Allgemein und vage wird einer konkreten Auseinandersetzung aus dem Wege gegangen. Stattdessen hält Mittenzwei Steinweg vor, er habe „eine feinziselierte Forschungsmethode, die ein summa cum laude wert ist", in einer Zeit „kultiviert", in der ein kämpferisches Buch notgetan hätte.[79]

d) *Krabiel*

Für Klaus-Dieter Krabiel begründet sich Steinwegs größter Irrtum aus seiner Beschreibung des Brechtschen Lehrstücks, es handle sich dabei um eine besondere Form von **Theater**[80]. Doch wenn der Spieltypus als Ergebnis einer umwälzenden Veränderung des existierenden Theaters beschrieben werden soll, dann

[78] Balzer, Karl-Michael: Notizen zum neuen Spieltrend. In: Rhetorik, Ästhetik, Ideologie. Aspekte einer kritischen Kulturwissenschaft. Stuttgart: 1973, p. 21-48.
[79] Mittenzwei, Werner: Die Spur der Brechtschen Lehrstücktheorie. In: Brechts Modell der Lehrstücke, Zeugnisse, Diskussion, Erfahrungen. Reiner Steinweg [ed.]. Frankfurt am Main: 1976, p. 225-254.
[80] Krabiel, Klaus-Dieter: Brechts Lehrstücke. Entstehung und Entwicklung eines Spieltyps. Stuttgart/Weimar 1993. p. 295.

geraten Lehrstück und „traditionelles" Theater (einschließlich der epischen/nichtaristotelischen Variante) zwangsläufig in ein Verhältnis der Konkurrenz[81]. Für Krabiel handelt es sich bei den Lehrstücken um „(vokal)musikalische Gebrauchskunst für Laienmusiker und Laienspieler"[82]. Die breite Bewegung, in die sich Brecht 1929 einreihte, die er aber auch stark beeinflusste, war die Schulmusikbewegung: „Die Gattung des musikalischen Schulstücks (...) hatte in den 20er Jahren einen neuen Aufschwung genommen, der im wesentlichen zurückzuführen war auf die Bestrebungen der Reformpädagogik zur Förderung alles dessen, was die Selbstständigkeit der Schüler unterstützte, sowie auf den Enthusiasmus, den die bürgerliche Jugendbewegung allem künstlerischen Tun entgegenbrachte ..."[83] Wie die Jugendbewegung begann die Schulmusikbewegung als Protest gegen die Durchrationalisierung der Gesellschaft, gegen die Übermacht kalkulierter Sachinteressen und versuchte statt dessen die „Kräfte des Emotionalen und der Phantasie" zu betonen.[84] Man strebte ganz expressionistisch nach der „innere(n) Erneuerung des Menschen", die Menschen könnten Kunst nicht „rein 'ästhetisch' auf sich wirken lassen, ohne sie zuerst tiefinnerlich als Menschenbrüder zu erleben".[85] Bei der Debatte um Brechts Lehrstücke ist der musikalische Kontext dem dieser Spieltypus seine Entstehung verdankt[86], vollkommen aus dem Blickfeld geraten. Die ersten Lehrstücke entstanden als Auftragsarbeiten in enger Abstimmung mit Kompo-

[81] ibid., p. 295.

[82] Krabiel, Klaus-Dieter: Literaturwissenschaft und Weltveränderung: Bemerkungen zu Reiner Steinwegs Kritik. In: Brecht Jahrbuch. 21. 1996, p. 277.

[83] Brock, Hella: Bertolt Brecht. In: Kurt Schwaen: Die Horatier und die Kuratier, Wissenschaftliche Zeitschrift der Universität Halle-Wittemberg, ges. u. sprachw. Reihe 1980, p. 480.

[84] Brock, Hella: Musiktheater in der Schule. Leipzig: 1960, p. 13.

[85] Jöde, Fritz: Musik und Erziehung. Wolfenbüttel: 1919, p. 11 und 12.

[86] Klaus-Dieter Krabiel: Das Lehrstück - ein mißverstandenes Genre. In: Der Deutschunterricht 46. 1994. H 6, p. 8.

nisten[87]. Somit war die Musik von Anfang an integraler Bestandteil des Konzeptes der Lehrstücke. Dieser Spieltypus selbst hat seinen Ursprung in bestimmten Entwicklungen der Neuen Musik und des Musiklebens in der zweiten Hälfte der 20er Jahre. Es war alles andere als ein Zufall, daß die beiden ersten Lehrstücke, *Der Lindberghflug* und das *Lehrstück* im Juli 1929 im Rahmen des Baden-Badener Musikfestes zur Uraufführung gelangten. Beide Arbeiten waren präzise auf die Programmpunkte des Festivals zugeschnitten, die unter den Schlagworten „Gebrauchsmusik"[88] und „Gemeinschaftsmusik"[89] in der Diskussion waren. Die zeitweilige Zugehörigkeit von Hindemith und Weill und die Nähe Brechts zur Gebrauchskunstbewegung war eine wesentliche Bedingung für dessen Zusammenarbeit mit den beiden Komponisten und die entscheidende Voraussetzung für die Entstehung des Lehrstückes. Die Einführung der Typusbezeichnung „Lehrstück" erfolgte gleichzeitig mit der Einführung des Chores. Erst durch den Chor, der die Einbeziehung einer größeren Anzahl von Laienspielern bzw. -sängern in die Produktion im Sinne des Gebrauchskunstkonzeptes ermöglichte, wird für Krabiel das „Stück zum Lehrstück"[90]. Die beiden thematischen Schwerpunkte „Originalmusik für den Rundfunk" und „Gemeinschafts- bzw. Laien- oder Liebhabermusik" gaben dem Baden-Badener Musikfest des Sommers 1929 das besondere Gepräge. Das musikalische Hörspiel *Der Lindberghflug*, dessen Vertonung Weill und Hindemith gemeinsam übernommen hatten,

[87] ibid., p. 9; Paul Hindemith, Kurt Weill und Hannes Eisler haben die Formspezifika und Zweckbestimmungen der Lehrstücke nicht nur entscheidend mitgeprägt.

[88] Krabiel (1994), op. cit., p. S. 9 und 10: Die Gebrauchsmusik meinte die Gesamtheit der Versuche, die auf eine Überwindung der Krise der Neuen Musik durch Etablierung einer aktuellen Musikpraxis außerhalb des Konzertbetriebs. Die Kluft zwischen Schaffenden und Musikverbrauchern, zwischen „ernster" und Unterhaltungsmusik sollte durch das Eingehen auf die Musikbedürfnisse breiterer Bevölkerungsschichten überbrückt, Musikproduktion und -konsum durch die Nutzung neuer Vermittlungs- und Organisationsformen in ein neues Verhältnis gesetzt werden.

[89] ibid., p. S. 10: Auch „Sing- und Spielmusik" genannt, meinte eine Musik, die nicht für den konzertanten Vortrag (vor passiven Zuhörenden), sondern für den Gebrauch durch Sing- und Spielkreise bestimmt war - zum Zwecke des aktiven Musikvollzuges.

und das Fragment einer Gemeinschaftsmusik mit dem Titel Lehrstück, vertont von Hindemith, bewegten sich konzeptionell präzise auf der Linie dieser beiden Programmpunkte[91]. Der angemessene Aufführungsort für Lehrstücke ist das - in bestimmter Weise „umfunktionierte" - Konzertpodium (im Falle des *Lindberghfluges* der Rundfunk), nicht die Bühne des Theaters. An der Zugehörigkeit des Typus zur Musik gab es für Krabiel in der zeitgenössischen Diskussion keinen Zweifel.[92].

---

[90] Krabiel (1993), op. cit., p. 242.
[91] Krabiel (1994), op. cit., p. 11.

1.3.1. Eigene Anmerkungen zur Lehrstück-Diskussion

a) Unbestritten ist, dass Brecht (wenn auch in äußerst großen Abständen und sehr unregelmäßig) Notizen zu seinen Lehrstücken (als „Theorien") gemacht hat.

b) Unbestritten ist auch, dass er seinen Lehrstücken die Untertitel gegeben hat, die sie eindeutig als für die Schule gedachte Stücke ausweisen.

c) Ebenso ist aus den, von Brecht verfassten, theoretischen Schriften eine klar verständliche Anweisung zur Anwendung bzw. Aufführung in der Schule (Basis- und Realisationsregel) herauszulesen.

d) Der Streit, ob es sich um ein musikalisches Gebrauchskunstwerk oder um ein Theaterstück handelt, ist für die Anwendbarkeit in der Schule nur von sekundärer Bedeutung. Wichtig ist: Bei der ersten Anwendung der Lehrstücke (in den frühen 30er Jahren des 20. Jahrhunderts) spielte die musikalische Komponente eine Rolle, aber die inhaltliche Komponente ist doch von größerer Bedeutung.

Die historische Bedeutung der Lehrstücke und ihrer Theorie liegt darin, dass Brecht dem Theater ohne seine Änderung kaum mehr eine Zukunft gab. Der Film hatte es längst abgelöst, die Zuschauer gewöhnten sich im Film-„Theater" an neue Sensationen (z. B. Sensationen wie die Bewegtheit der Bilder).[93] Diese neuen Sensationen stempelten das Theater zur altertümlichen und bewegungslosen Erscheinung ab. Brecht versuchte zunächst mit dem Glanz der „epischen" Oper und ihrer Sensation (Verwendung moderner Technik) an der neuen Wirklichkeit zu partizipieren, bis er mit den Lehrstücken die Konsequenz zog: Die Aktivierung des Zuschauers.[94]

---

[92] ibid., p. 4: Selbstverständlich, so Krabiel, fanden die Debatten um die Lehrstücke ganz überwiegend in Musikzeitschriften statt; in der Tagespresse war der Musikkritiker für das Lehrstück zuständig, nicht der Theater- oder Literaturkritiker.

[93] Knopf, op. cit., p. 423.

1.3.2. Die praktische Umsetzbarkeit von Lehrstücken in der Schule

„Wir stellen uns einfach vor, daß irgendein klassisches Werk, nehmen wir den „Faust“ oder den „Tell“ von Knaben dargestellt wird, von einer Schulklasse. Meinen Sie nun, daß dies einen Wert für diese Knaben hätte? Würden die Gedanken, die sie aussprechen müßten, eine Schulung für sie darstelllen? Würden sie oder andere Menschen von den Bewegungen, die sie ausführen, von den Haltungen, die sie einzunehmen hätten, einen Nutzen haben?
Würden diese Knaben lebensfähiger sein als andere, oder wäre die Gesellschaft lebensfähiger, die sie ausmachten? Antworten Sie im Ernst, was hätten diese Knaben, würde dieses Experiment gemacht, anderes getan, als ein paar schöne Worte gesprochen und ein paar edle Gesten vollführt, oder in welchen Situationen hätten sie gestanden, in denen sie im Leben je wieder stehen würden?
Unsere klassischen Werke sind nur für das Auge verfertigt, nicht für den Gebrauch.“
Bertolt Brecht (*Gesammelte Werke* Band 15, S. 182)

Die Frage nach dem „Lehrplanwert“, „Lernziel“, „Lernerfolg“, „Transfer“ sowie speziellere Probleme wie Inhalt und Struktur der Lehrstück-Texte, „Lernmethoden“ (Aktions- und Sozialformen), Wirklichkeitsbezug, gesellschaftlicher Nutzen und vieles mehr sollen hier diskutiert werden. Dabei geht es zum einen um die Brauchbarkeit der Lehrstücke Bertolt Brechts und zum anderen um die Modifikation des übergreifenden Lehrstück-Konzeptes als Modell „politisch-ästhetischer Erziehung“ mittels Theaterspielen.
Dabei ist das Lehrstück-Konzept als spezielles Modell politisch-ästhetischer Erziehung in der Schule nicht willkürlich zu verwenden. Von seinen kognitiven Anforderungen her ist es frühestens ab der 8./9. Jahrgangsstufe der Sekundarschule sinnvoll, die Lehrstücke zu behandeln. Die Brauchbarkeit der in den

[94] ibid., p. 423 und 424.

Lehrstücktexten erhaltenen Muster ist zu prüfen. Die in den Texten bearbeiteten Inhalte sollten dann zum Thema einer Unterrichtseinheit gemacht werden, in der die Lehrstückeinübung einen Teilbereich bildet. Das verhindert die Beschäftigung mit den Stücken nach Art einer sinnerschließenden Werkdeutung und schafft zudem inhaltliche Voraussetzungen für die notwendigen Abstraktions- / Konkretionsprozesse.[95]

Die Lehrpläne für die Sekundarschule sehen im Deutschunterricht ab der 7. Klasse sogenannte „Lehrgeschichten“ in epischer Textform vor. Bei der Textauswahl, bei denen keine Kriterien[96] vorgegeben sind, bieten sich die einfach strukturierten, dialektisch hervorragend gebauten und trotz der didaktischen Konzeption aufregenden Schul- bzw. Lehrstücke von Bertolt Brecht an.

Um „außer dem gesprochenen Wort Spielfeld, Gestik und Gruppierung der Personen“ mit einzubeziehen, muss gespielt werden. Wenn sich diese Faktoren „nur aus der Lektüre des Textes richtig vorzustellen, übersteigt die Einbildungskraft von Schülern, die dem ersten dramatischen Text begegnen.“[97] Dies bedeutet, die vom Lehrstück-Konzept geforderte Spielmethode ist die „epische Spielweise“. Deren Merkmale lassen sich bei Brecht anhand der „Straßenszene“ und im „Kleinen Organon“ studieren. Dabei ist festzuhalten, dass sich diese Spielweise bei den Lehrstücken und den Schaustücken trotz deren unterschiedlicher Funktion im Prinzip nicht unterscheidet.[98]

Gespielt wird im Klassenraum, denn die Trennung von ‘Spielern’ und ‘Zuschauern’ durch die Rampe einer Bühne wäre für ein Stück hinderlich, das sich

---

[95] Bauer, Karl W.: Brechts Lehrstück-Konzept in der Schule? Beispiele, Fragen Thesen. In: Auf Anregung Bertolt Brechts: Lehrstücke mit Schülern, Arbeitern, Theaterleuten. Reiner Steinweg (ed.). Frankfurt am Main: 1978, p. 30-56, p. 52.

[96] Natürlich müssen die Texte altersgerecht sein und den Schüler/innen helfen, ihr Weltverständnis und ihren Erfahrungshorizont auszuweiten. Zum Beispiel in: Lehrplan. Erweiterte Realschule. Klassenstufe 8. Ministerium für Bildung, Kultur und Wissenschaft. Saarbrücken: 2000, p. 147 und 148.

[97] Nündel, op. cit., p. 61.

[98] Bauer, op. cit., p. 53.

zur Diskussion stellt. Wenn man die Lehrstücke fächerübergreifend realisieren kann (in Zusammenarbeit mit dem Musiklehrer), dann ist die Verwendung der von Kurt Weill vorgeschlagenen Instrumente und die Einübung des musikalischen Teils natürlich erwägenswert.[99]

Am Lehrstück-Konzept verdeutlichte Brecht seine Vorstellungen von „operativer Kunst". Neben dem Theaterspielen bezog er die neuen Medien Rundfunk und Film in seine Überlegungen mit ein. Die Dominanz der technischen Massenmedien ist heute angesichts der Fernsehtechnik, Computertechnik, Audioträgertechnik und Videotechnik wesentlich größer und umfassender geworden. Auf die Verwendungstechnik dieser „Apparate" wie auch der Musik muss ebenso großer Wert gelegt werden wie auf die Entwicklung der epischen Spielweise

---

[99] Krabiel (1993), op. cit., p. 242: Die Einführung der Typusbezeichnung „Lehrstück" erfolgte gleichzeitig mit der Einführung des Chores. Erst durch den Chor, der die Einbeziehung einer größeren Anzahl von Laienspielern bzw. -sängern in die Produktion im Sinne des Gebrauchtkunstkonzeptes ermöglichte, wird das Stück zum Lehrstück.

2. Mittel der Evaluation

Jeder Lehrkraft kann und muss unterstellt werden, dass sie selbst das größte Interesse daran hat, qualitativ guten Unterricht zu machen, und ihn entsprechend den sich veränderten Bedingungen angemessen weiter zu entwickeln. Durch zahlreiche Veröffentlichungen kann untermauert werden, dass im Rahmen schulischer Evaluationsprozesse der Selbstevaluation des Unterrichts absoluter Vorrang einzuräumen ist. Um aber seinen eigenen Unterricht evaluieren zu können, muss man sich zuerst mit dem Begriff Evaluation auseinandersetzen.

2.1. Begriffsklärung „Evaluation"

Der Begriff der Evaluation[100] ist ein von Politiker/innen sehr oft gebrauchtes Schlagwort. Im schulischen Bereich konkurriert dieses Schlagwort mit einer Reihe von weiteren Begriffen, die in teilweise ähnlicher Weise verwendet werden: Schulforschung, Schulqualitätsforschung, Schulentwicklungsforschung, Qualitätsmanagement, Qualitätssicherung usw. Eine scharfe Abgrenzung gegenüber diesen Konzepten ist weder möglich noch sinnvoll. Da es für den Begriff Evaluation keine allgemeingültige Definition gibt, werden sechs Kennzeichen von Evaluationsforschung im Bildungsbereich angeführt, über die weitgehend Konsens besteht:[101]

a) Evaluation ist ziel- und zweckorientiert.

b) Evaluation hat eine systematisch gewonnene Datenbasis.

c) Evaluation beinhaltet eine bewertende Stellungnahme.

d) Evaluation bezieht sich auf Bereiche von Bildungsmaßnahmen.

---

[100] dtv Lexikon in 20 Bänden. 5. Band. Mannheim, München: 1997, p. 177: Evaluation [von engl. value „Wert"], die Auswertung einer Erfahrung durch eine oder mehrere Personen; der Begriff ist besonders gebräuchlich in den Sozialwissenschaften, die soziale oder pädagogische Aktionsprogramme auf den in ihnen angestrebten Erfolg hin untersucht.

[101] Stamm, M.: Qualitätsevaluation und Bildungsmanagement im sekundären und tertiären Bildungsbereich. Frankfurt: 1998, p. 21; und Wottawa, H. & Thierau, H.: Lehrbuch Evaluation. 2. Auflage. Bern: 1998, p. 13 und 14.

e) Evaluation ist Bestandteil von planvoller Entwicklungsarbeit.

f) Evaluation ist nicht Reform, sondern Mittel zur Reform.

Dabei muss das System Schule[102], welches durch die Evaluation untersucht wird, genauer definiert werden. Die Schule wird als ein *soziales* System begriffen, dessen Funktion in der gesellschaftlich kontrollierten und veranstalteten Sozialisation liegt.[103]

Alle sozialen Systeme kristallisieren sich um einen bestimmten Typus von Kommunikation heraus, im Falle der Schule handelt es sich um erzieherische Kommunikation.[104]

Sowohl die Schulqualitäts- wie auch die Schulentwicklungsforschung befassen sich mit Schulsystemen. Sie tun dies aber mit unterschiedlichen Sichtweisen. Der Aspekt der Schulqualität betont die Raumstruktur des Schulsystems zu einem bestimmten Zeitpunkt. Dieser Aspekt ist im Hinblick auf die Thematik der Lehrstücke zu vernachlässigen. Im Gegensatz dazu fokussiert die Schulentwicklung den Prozesscharakter des Schulsystems. Wie andere soziale Systeme, so sind auch Schulen darin verschieden, inwieweit sie sich dynamisch auf Innen- und Außenanforderungen neu einstellen, welche Ergebnisse Schulentwicklungsprozesse auslösen, etc. Die Schulentwicklungsforschung beschäftigt sich mit der Frage, wie das Schulsystem von innen oder außen zur Veränderung (vor allem im Unterricht) angeregt werden kann. Schulentwicklungsforschung arbeitet oft mit Aktions- und Handlungsforschung, mit prozessbegleitenden Evaluationen und mit offenen Erhebungsverfahren.

---

102 Schulsysteme können durch drei Bestimmungsfaktoren definiert werden:

1. sie sind formal organisiert als Institutionen,
2. sie sind gekennzeichnet durch die Veranstaltung von absichtlichen und kontrollierten erzieherischen Kommunikationsprozesses, und
3. in ihnen geschieht Sozialisation.

103 Fend, H.: Theorie der Schule. 2. Auflage. München: 1981: p. 2.

104 Büeler, X.: System Erziehung. Ein bio-psycho-soziales Modell. Bern: 1994.

Evaluation ist somit, im Kontext von Schulentwicklung folgendermaßen zu verstehen:[105]

„Klar erscheint lediglich, dass mit Evaluation weder Begleitforschung noch personenbezogene Kontrolle gemeint sind. Statt dessen werden mit Evaluation in der aktuellen bildungspolitischen Diskussion zwei andere Ziele verbunden. Zum einen soll Evaluation einen Beitrag zur Verbesserung der Arbeit und Praxis der einzelnen Schule leisten - also Schulentwicklung und Qualitätssicherung sollen durch Evaluation unterstützt und ermöglicht werden. Zum anderen soll Evaluation dazu beitragen, dass bei einer Selbstständigkeit der einzelnen Schulen dennoch Vergleichbarkeit und Qualitätsstandards garantiert werden können. Schulen sollen zu diesem Zweck im Rahmen von interner Selbstevaluation ihre Arbeit in eigener Verantwortung reflektieren und überprüfen."

Die schulinterne Evaluation, die im Rahmen dieser wissenschaftlichen Arbeit im Mittelpunkt steht, ist ein kontinuierlicher systematischer Lern- und Arbeitsprozess der Schule selbst, um vor Ort Informationen und Daten über das Lernen, den Unterricht und die Schule zu sammeln, Erkenntnisse aus ihnen zu gewinnen und begründet zu bewerten für Selbstreflexion über die Arbeit, für Schulentwicklung, für Beteiligung von Betroffenen und/oder für Selbstkontrolle und Rechenschaft.[106]

Schulinterne Evaluation ist also ein bewusst eingeleiteter, geplanter und kontinuierlicher Prozess zur Verbesserung der Arbeit und der Einrichtung. Sie fußt auf einer Sammlung relevanter Daten und Informationen, die analysiert und bewertet werden. Dabei werden bewertende Aussagen auf der Grundlage von Kriterien oder Zielformulierungen (z. B. Richtlinien, Lehrziele) gestützt. Evaluation besteht nicht nur aus einleitender Bestandsaufnahme und abschließender Er-

---

105 Burkard, Christian: Evaluation - ein Werkzeug der Schulentwicklung. In: Loccumer Protokolle 1/97, p. 231.

106 Eikenbusch, Gerhard: Praxishandbuch Schulentwicklung. Berlin: 1998, p. 155.

gebnisauswertung, sondern auch aus kontinuierlicher Analyse der Voraussetzungen, der Planung und der Durchführung der Arbeit.

Welche Verfahren für schulinterne Evaluation angewendet werden sollen, darüber bestehen unterschiedliche Auffassungen. Sie reichen von einfachen Selbstevaluationen durch kleine Umfragen auf Klassenebene bis hin zu umfassenden Analysen der Arbeit der gesamten Schule. Während kleinere Umfragen in der Klasse in Schulen heute häufiger eingesetzt werden, stellen Evaluationskonzepte für die gesamte Schule eher die Ausnahme dar und stoßen teilweise auch auf Zurückhaltung. In dieser pädagogischen Studie werden sich die Selbstevaluationskonzepte auf den Unterricht und auf die Klassenebene beschränken, da ein größerer Anspruch den vorgegebenen Rahmen dieser Studie sprengen würde. Um Selbstevaluationskonzepte verwirklichen zu können, benötigt man die geeigneten Evaluationsinstrumente.

2.2. Die geeigneten Evaluationsinstrumente

Zur Entwicklung geeigneter Evaluationsinstrumente besteht der erste Schritt (nach Herrmann, Joachim und Höfer, Christoph: Evaluation in der Schule - Unterrichtsevaluation. Berichte aus der Praxis. Gütersloh: 1999, p. 32) darin, dass die lehrende Person die Unterrichtssituation, in der sie neue Unterrichtsmethoden einsetzt und erprobt, reflektiert:

a) Welches Ziel verfolge ich mit meinem Unterricht?
→ Im Fall der Lehrstücke verfolgt man z. B. die Zielvorgabe des Lehrplans.
b) Welche besonderen Mittel setze ich zur Erreichung dieses Ziels ein?
→ Die Lehrstück-Texte Bertolt Brechts sind das Mittel zur Erreichung des Ziels.
c) Welches sind die Fragen, die ich mit Hilfe von Evaluationsinstrumenten beantworten möchte?
→ z. B. ob die Schüler/innen etwas gelernt haben!

Im zweiten Schritt werden dann konkrete Instrumente für die Evaluation entwickelt. Dabei wird zunächst unterschieden, welche idealtypischen Verfahren sich für welche Fragestellung überhaupt eigenen.

Dabei sind folgende Merkposten eine Hilfe:[107]

- Fragebögen sind geeignet, um eine Meinung oder ein in Erfahrung gegründetes Urteil von Schüler/innen zu erfassen.
- Sobald von Interesse ist, was im Unterricht konkret geschieht, welche Prozesse sich z. B. zwischen den Schüler/innen vollziehen, besteht die Gefahr, dass eine Befragung nur den bereits gefilterten Blick der Kinder und Jugendlichen einfängt. Hier eignen sich Beobachtungen am ehesten, mit denen konkret beschreibbares Verhalten erfasst werden kann.
- Doch auch Beobachtungen geraten an eine Grenze, wenn im Zentrum des Erkenntnisprozesses die Frage steht, wie Schüler/innen ihren eigenen Lernprozess organisieren, ob Schüler/innen über bestimmte Fähigkeiten verfügen usw. Zur Beantwortung solcher und ähnlicher Fragen ist es notwendig, den Schüler/innen die Möglichkeit zur freien Selbstreflexion zu verschaffen. Hier eignen sich häufig Lerntagebücher als eine Methode, mit der Kinder und Jugendliche ihren eigenen Lernprozess kritisch zu durchdenken, zu bewerten und zunehmend eigenständig zu steuern lernen.

Dabei muss immer auch die Schulform (Realschule/Gesamtschule), die Klassenstufe (9. Klasse), das Fach (Deutsch) und die besondere Situation der Klasse (anthropogene und soziokulturelle Voraussetzungen) berücksichtigt werden.

Bei der Formulierung eines Instrumentes geht immer die Klärung zu Grunde liegender Kriterien und Indikatoren voraus.[108]

---

[107] Herrmann/Höfer, op. cit., p. 32.

[108] Hermann/Höfer, op. cit., p. 34: Indikatoren sind durch die Operationalisierung zuvor festgelegter Kriterien, d. h. in der Empirie feststellbare Tatsachen, die eine Antwort auf die Fragen eines Evaluationsinstrumentes erlauben. Indikatoren stellen einen weiteren Schritt der Konkretisierung aus den Kriterien dar und bilden die direkte Voraussetzung für die Entwicklung eines Instrumentes.

2.3. Klärung von Qualitätskriterien

Bevor die Evaluation eines interessierenden Bereiches im Unterricht beginnt, ist es notwendig, sich über die Vorstellungen darüber klar zu werden, was denn die Qualität in diesem Bereich ausmacht. Wenn etwa ein tiefgehendes Augenmerk auf die Fähigkeit von Schüler/innen gerichtet werden soll, ein Lehrstück aufzuführen, also auf ihre Fähigkeit, ein Lehrstück zusammen zu erarbeiten, dann muss zuerst geklärt werden, was denn eine gute Inszenierung überhaupt auszeichnet. Diese Merkmale, an denen sich die Qualität in einem bestimmten Bereich festmacht, bilden die Qualitätskriterien, die zu Indikatoren werden, wenn sie als beobachtbare oder abfragbare Verhaltensdimensionen oder Urteile ausdifferenziert und konkretisiert sind.[109]

Qualitätskriterien sind keine dem Gegenstandsbereich quasi objektiv anhaftenden Merkmale, sondern Resultat subjektiver Überzeugungen, Einschätzungen und intersubjektiv verhandelter Vereinbarungen.[110]

Solche Qualitätskriterien bilden die Grundlage für die Erstellung eines Evaluationsinstrumentes. Aus diesen Kriterien werden beobachtbare und feststellbare Indikatoren abgeleitet, welche wiederum z. B. als Fragen in einen Fragebogen einfließen. Aber gerade weil Qualitätskriterien nicht objektiv am Gegenstand abgelesen werden können, ist es so wichtig, existierende Instrumente nicht einfach zu übernehmen, sondern sie immer an die konkrete Unterrichtssituation und an die konkreten Fragestellungen der Thematik (in diesem Fall 'Lehrstücke') anzupassen.[111]

Somit muss für die Lehrstücke die Frage nach den Lerngegenständen und Lernzielen für die Qualitätskriterien geklärt werden:[112]

[109] ibid., p. 34.
[110] ibid., p. 34.
[111] Hermann/Höfer, op. cit., p. 35.
[112] Richard, op. cit., p. 65 und 66.

- Die Lerngegenstände der Lehrstücke sind die Gesellschaft und das Verhalten der Spielenden in der Gesellschaft.
- Lerngegenstand ist aber auch das jeweilige Lehrstück selbst.

Mit dem Lehrstück wird den Spielenden ein „Muster“ gesellschaftlicher Vorgänge und Verhaltensweisen an die Hand gegeben. Für den Lernenden soll es zugleich Vorbildcharakter haben und seinen Widerspruch herausfordern.
Seine Qualität liegt darin, dass die Vielfalt eines historisch-konkreten Ausschnitts der Wirklichkeit, der historisch-konkret gebunden Verwicklungen und konkreten Abbildungsnotwendigkeiten entkleidet wird, um im theatralischen Modell als entfaltete Verallgemeinerung das Wesen eines gesellschaftlichen Vorgangs aufzudecken.[113]

→ Das Lehrstück bildet also die konkrete Wirklichkeit in ihrer Abstraktion ab.

Schon die Stücktitel von B. Brechts Lehrstücken verweisen auf ihren Abstraktionsgehalt.[114] Diese Lehrstücke sind Wirklichkeitsmanifestationen eines auf ihren gesellschaftlichen Grundgestus zusammengefassten Verhaltenstypus'.
Durch eine solche Systematisierung wird die Sammlung von Qualitätskriterien für die Lehrstücke selbst zu einem Instrument für die Vorbereitung und Durchführung von Lehrstücken (nicht nur für deren Evaluation).
Die Notwendigkeit der Entwicklung und Formulierung von Kriterien und Indikatoren wurde oben ausführlich dargestellt.
Lediglich zwei Aspekte sind bis jetzt zu kurz gekommen:[115]

- Evaluation, und damit auch die notwendige Erarbeitung und Aushandlung zu Grunde liegender Qualitätskriterien und -indikatoren, ist ein sozi-

[113] ibid., p. 66.
[114] Zum Beispiel *Der Jasager* und *Der Neinsager*, *Die Maßnahme*, *Die Ausnahme und die Regel* usw.
[115] Hermann/Höfer, op. cit., p. 37.

aler, kein messtechnischer Prozess. Das heißt, dass genügend Zeit darauf verwendet werden muss, sich mit der Frage der Qualitätskriterien in einem Aushandlungs- und Verständigungsprozess auseinanderzusetzen. Wie in allen schulischen Evaluationsvorhaben spielt die Einbeziehung von Schüler/innen auch in der Evaluation von Unterricht eine besondere Rolle. Kriterien lassen sich durchaus auch aus den Erfahrungen von Kindern und Jugendlichen mit bestimmten Unterrichtsmethoden und -situationen ableiten. Wichtig ist in jedem Fall, dass immer auf Grundlage konkreter Erfahrungen behandelt wird, weil nur so eine praktische und nicht abstrakte Vorstellung von Qualität entsteht.

- Kriterien für die Qualität von Unterricht und einzelner Dimensionen von Unterricht sind keine objektiv-statistischen Merkmale, sie sind Produkt sozialer Zuschreibungen und Aushandlungen. Als solche sind sie aber selbst in einem Prozess begriffen, sie sind flexibel. Auch Ergebnisse aus Evaluationsmaßnahmen, die auf konkret formulierten Kriterien basieren, können diese Kriterien wieder in Frage stellen.

2.4. Das „richtige“ Evaluationsinstrument für die Lehrstücke Brechts - Der Fragebogen

Fragebögen sind auf der einen Seite ein Feedbackinstrument, das die Schüler/innen nutzen. Es gibt allerdings auch Fragebögen, die sich durch die besonderen Bedingungen und Situationen, in denen sie eingesetzt werden, auszeichnen. Der folgende Fragebogen, der in sich komplex gestaltet ist, soll sehr spezifische Fragestellungen untersuchen und durch seinen Einsatz besondere Fähigkeiten bei den Schüler/innen aktivieren.

Dass der Fragebogen „gewählt“ wurde bedeutet nicht, dass die anderen Evaluationsinstrumente unangebracht wären. Bei der Vorstellung der Evaluationsinstrumente am Anfang dieses Kapitels wurden die Vorteile eines jeden Instrumentes vorgestellt. Der Fragebogen bietet sich durch seine bessere Vergleichbarkeit mit den Protokollen der Lehrstückaufführungen an. Zudem hatte Brecht 1930 zur Uraufführung des Stückes „Die Maßnahme“ einen eigenen Fragebogen mit vier Fragen zur Aufführung, Inhalt und Lehrwert des Lehrstücks konzipiert.[116]

Die meisten Menschen assoziieren mit dem Begriff Evaluation am ehesten einen Fragebogen, auf dem die Befragten zu irgendwelchen Themen ihre Kreuze machen sollen. Dies entspricht zwar dem Alltagsbewusstsein, doch stellt die Beschränkung von Evaluation auf den Einsatz von Fragebögen eine Eingrenzung des Spektrums möglicher Evaluationsinstrumente dar.

Der Fragebogen ist streng genommen nichts anderes als eine systematisierte Form menschlichen Alltagshandelns:[117]

Wenn man etwas nicht weiß, dann fragt man. Man fragt, um eine Information zu erhalten, die bis dahin nicht zugänglich ist, weil noch nicht danach gefragt wurde.

Nun muss man zwischen zwei möglichen Arten von Fragen unterscheiden:[118]

Im einen Fall weiß man, wonach man fragt, von Interesse ist also nur die besondere Sicht oder Einschätzung der Person, die befragt wird (top down).

---

[116] Bertolt Brecht: Die Maßnahme. Kritische Ausgabe mit einer Spielanleitung von Reiner Steinweg. Frankfurt am Main: 1972, p. 237 und 277:

1. Glauben Sie, daß eine solche Veranstaltung politischen Lehrwert für den Zuschauer hat?
2. Glauben Sie, daß ein solche Veranstaltung politischen Lehrwert für den Ausführenden (Spieler oder Chor) hat?
3. Gegen welche in der Maßnahme enthaltenen Lehrtendenzen haben sie politische Einwände?
4. Glauben Sie, daß die Form unserer Veranstaltung für ihren politischen Zweck die richtige ist? Könnten Sie noch andere Formen vorschlagen?

Zu einer Auswertung, durch Brecht, kam es aber, nach heutiger Kenntnislage, nicht.

[117] Hermann/Höfer, op. cit., p. 43.

[118] ibid., p. 43.

Im anderen Fall weiß man noch nicht genau, wonach man sucht, an die Sache wird sich tastend heran gefragt (bottom up).

Entsprechend muss man auch zwischen zwei Grundprinzipien von Fragen in einem Fragebogen unterscheiden: zwischen offenen und geschlossenen Fragen.[119]

Geschlossene Fragen sind solche, auf die nur mit „Ja" oder „Nein" bzw. mit der Angabe eines Grades der Zustimmung oder Ablehnung geantwortet werden kann. Fragebögen mit geschlossenen Fragen haben den Vorteil, dass sie selbst in großer Zahl noch einfach und zeitökonomisch ausgewertet werden können, hier kommen auch vielfältige statistische und EDV-gestützte Verfahren zum Einsatz. Der entscheidende Nachteil geschlossener Fragen besteht darin, dass die Kategorien, nach denen gefragt wird, sowie die Antwortmöglichkeit vorgegeben sind. Die Befragten können ihre Sichtweise nur dann zum Ausdruck bringen, wenn diese vorgegebenen Kriterien auch die ihren sind.[120]

Offene Fragen sind solche, auf die nicht mit einem Stichwort, einer Zahl o. ä. geantwortet werden kann. Zur Beantwortung offener Fragen muss die befragte Person ausholen, muss selbst Stichworte oder längere Sätze formulieren. Offene Fragen haben den großen Vorteil, dass die Befragten tatsächlich und authentisch ihre Sichtweisen einbringen können, weil keine Kriterien und Antwortmöglichkeiten vorgegeben sind. Es besteht also nur geringe Gefahr, die Befragten in ihrem Antwortverhalten schon durch die Frage zu beschränken. Dies bietet sich immer dann an, wenn der fragenden Person noch gar nicht bekannt ist, nach welchen Kriterien die befragte Person den Gegenstand beurteilt. Allerdings haben offene Fragen den Nachteil, dass ihre Auswertung sehr zeit- und arbeitsaufwendig ist.[121]

---

[119] ibid., p. 43.
[120] ibid., p. 44.
[121] Hermann/Höfer, op. cit., p. 44.

In der Praxis findet sich häufig eine Kombination beider Fragetypen, so auch bei den in dieser pädagogischen Arbeit dargestellten Fragebögen zur Unterrichtsevaluation.

Im schulischen Kontext von Evaluation sind Fragebögen ausgesprochen beliebt, weil sie ermöglichen, ohne allzu großen Aufwand umfangreiche Informationen über die Schule oder über Aspekte des schulischen Alltags in Erfahrung zu bringen. Dabei wird häufig unterschätzt, dass der Einsatz eines Fragebogens noch nicht die eigentliche Evaluation ist. Der Fragebogen ist nur ein mögliches Instrument der Informationsbeschaffung. Die Evaluation besteht darin, die Ergebnisse mit den Befragten gemeinsam zu diskutieren und offen über die Bedeutung des Zahlenmaterials zu sprechen.

Der erste Fragebogen wurde auf die spezifische Unterrichtssituation des Jasagers (1. Fassung) zugeschnitten. Dieser dient der Selbstbefragung unter den Schüler/innen, um die Ergebnisse mit den Protokollen der ersten Aufführung zu vergleichen.

Der zweite Fragebogen wurde mit geschlossenen Fragen konzipiert. In der Evaluation von Unterricht werden solche Fragebögen sinnvoll als Feedback-Instrumente eingesetzt. Einfache und kurze, präzise Fragen eignen sich, um zu einem Thema, einer Unterrichtsstunde oder Unterrichtseinheit oder auch zu einer speziellen Sozialform eine Rückmeldung durch die Schüler/innen zu erhalten. Das vorgelegte Verfahren Fragebogen orientiert sich an dem Anspruch, Schüler/innen in die Beurteilung und Gestaltung von Unterricht einzubeziehen und sie in der Fähigkeit, dies tun zu können, ernst zu nehmen.[122]

---

[122] ibid., p. 40.

Der erste Fragebogen

Das Anliegen dieses Fragebogens bestand nicht darin, bereits vorgegebene Kategorien und Kriterien „abzufragen", sondern den Schüler/innen selbst Raum zu geben, ihre Eindrücke, Erfahrungen und Urteile über die vergangene Stunde zu Papier zu bringen. Der Bogen wird am Ende der Einführungs-Stunde des Textes *Der Jasager* (1. Fassung) ausgefüllt und anonym an den Lehrer zurückgegeben.

Bei einem solchen Fragebogen handelt es sich um ein *qualitatives* Evaluationsinstrument. Es werden hier offene Fragen gestellt, die sich immer dann eignen, wenn noch gar nicht bekannt ist, nach welchen Kriterien die Schüler/innen die vergangene Stunde und deren Inhalt beurteilen.[123]

Allerdings muss, wie bei diesem Fragebogen, das Thema, nach dem gefragt wird, klar sein. In den konkreten Fragen werden dann mögliche Sichtweisen, die eine Person haben kann, variiert:

Es werden Fragen gestellt nach Interessantem, nach Geklärtem und Ungeklärtem, was Missfallen gefunden hat und was in nächster Zeit erprobt werden könnte.

Auf diese Weise durchdenken die Schüler/innen selbst die vergangene Stunde noch einmal kritisch und konstruktiv, variieren selbst die Erfahrungen, die sie gemacht haben.

Die Auswertung offener Fragen sollte folgendermaßen sein:

- Lassen sich Antworten auf eine Frage in wenigen Überschriften zusammenfassen?
- Gibt es Ähnlichkeiten, Wiederholungen und Gemeinsamkeiten, die zu einer solchen Gruppierung und Überschrift führen können?
- Gibt es Gegensätze, die auf einem höheren Abstraktionsniveau zu einer Gemeinsamkeit zusammengefasst werden können?

[123] Hermann/Höfer, op. cit., p. 56.

Auf diese Weise kann es gelingen, für jede Frage einige wenige Aussagen zu formulieren, die in den individuellen Antworten wiederum ihre konkrete Ausgestaltung finden. Einen Schritt weiter geht der Versuch, auch zwischen den bereits zusammengefassten Antworten auf verschiedene Fragen nach Gemeinsamkeiten zu suchen.

Der zweite Fragebogen

Dieser Fragebogen wird in der letzten Stunde der Unterrichtseinheit ausgeteilt und von den Schüler/innen anonym ausgefüllt und zurückgegeben.

Dieser sehr kurze, klare Fragebogen holt die Einschätzung der Schüler/innen zu verschiedenen Aspekten des Unterrichts in der Unterrichtseinheit ein.

- Zunächst wird danach gefragt, wie viel Spaß der Unterricht machte und wie interessant das Themengebiet war.
- Auch ob und inwieweit das Themengebiet nun von den Schüler/innen beherrscht wird, ist in diesem Fall von Interesse.
- Es werden auch Fragen zur Einschätzung der im Unterricht benutzten Sozialformen und Methoden gestellt, sowie zur Einschätzung des szenischen Spiels durch die Schüler/innen.

Nachdem die Rückmeldungen in einem weiteren Fragebogenvordruck aufsummiert werden, wird den Schüler/innen das Ergebnis in der nächsten Stunde vorgestellt.

Die Schüler/innen haben nicht nur Recht und Anspruch darauf zu erfahren, wie ihr Beitrag zu einem Gesamtergebnis ist. Sie können darüber hinaus wertvolle Hinweise zur Bedeutung eines solchen Ergebnisses liefern. Viele Lehrende berichten, dass sie aufgrund eines Fragebogenergebnisses zu einer bestimmten Einschätzung des Unterrichts gelangten, im Gespräch mit der Klasse aber erkennen mussten, dass die Schüler/innen aus ganz anderen Gründen zur Beantwortung der gestellten Fragen kamen, als angenommen. Solche Hinweise können ausgesprochen hilfreich sein, weil nur so Einblicke in die Wahrnehmung von Schüler/innen gewonnen werden können. Sofern Schüler/innen sich in ihrer Sicht ernstgenommen fühlen, sind sie offensichtlich auch bereit, persönliche und kritische Stimmen zum Unterricht abzugeben, die das Zustandekommen einer Bewertung erst verständlich machen.[124]

2.5. Der Zusammenhang zwischen Evaluation und B. Brechts Lehrstücken

Am 23. Juli 1930 wird *Der Jasager* im Berliner Zentralinstitut für Erziehung und Unterricht uraufgeführt. Sämtliche Darsteller und Orchestermitwirkende sind Schüler aus Berliner Lehranstalten. Mit wenigen dekorativen Andeutungen werden auf der Bühne zwei Räume geschaffen, die für die beiden Teile des Stücks jeweils unterschiedliche Spielsituationen ermöglichen. Brecht hat dieses Bühnenschema wie folgt skizziert:[125]

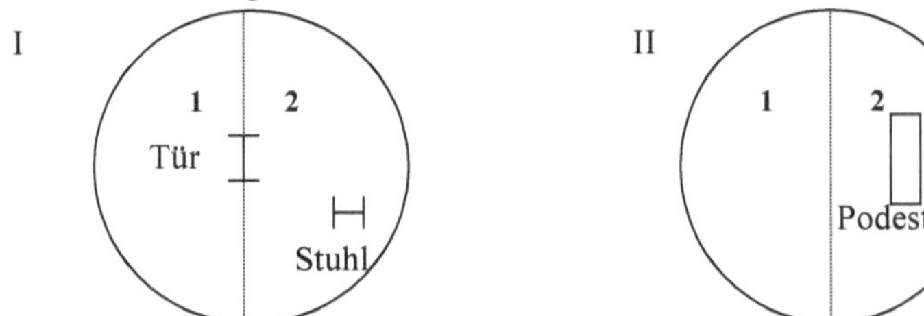

Trotz harter Vorwürfe von linksbürgerlicher Seite erlebt *Der Jasager* zwischen 1930 und 1932 insgesamt 60 Einstudierungen.[126] Dennoch wird Brecht durch die Kritik veranlasst, im Herbst 1930 eine Aufführung mit einer Aufbauklasse der Berlin-Neuköllner Karl-Marx-Schule[127] zu vereinbaren. Die Auswertung von Reaktionen der Schüler bei Diskussionen im November und Dezember 1930 führt im Dezember 1930 zu einer neuen Fassung, in der vor allem die Be-

---

[124] ibid., p. 46.
[125] Brecht (1997), op. cit., p. 661.
[126] ibid., p. 662.
[127] ibid., p. 662: „An dieser fortschrittlichen Lehranstalt können begabte junge Menschen, die zum Teil schon einen Beruf erlernt haben, in zwei bis vier Jahren das Abitur erwerben."

dingungen und Umstände der Reise erschwert werden, um den Tod des Knaben stärker zu begründen.[128] Diesen neuen *Jasager* ergänzend, entsteht zwischen Januar und Oktober 1931 eine zweite kleine Schuloper: *Der Neinsager*. Dabei greift Brecht weitere Hinweise aus der Schülerdiskussion auf, z. B. dass man überprüfen möge, ob der Opfertod des Knaben notwendig sei.[129]

Sowohl der neue *Jasager* als auch der *Neinsager* sind Gegenentwürfe zur Uraufführungsfassung vom Juni 1930. Bertolt Brecht hat somit die Grundbedingungen der Evaluationsansätze erfüllt:

a) Brecht hat durch die Erkenntnisse, die er durch die Schülerdiskussionen gewonnen hat, seine Ziele neu formuliert und das Stück (D*er Jasager* - Erster Teil) für seine Zwecke umgeschrieben.

b) Auch seine Datenbasis wird in der Zeitschrift Versuche (Heft 4, 1931) durch die Veröffentlichung der Diskussions-Protokolle transparent.

c) Eine bewertende Stellungnahme ist durch die Umsetzung der Anregungen gegeben.

[128] ibid., p. 662.
[129] ibid., p. 662.

II Praktischer Teil

1. Einordnung des Themas in einen Lehrplan der 9. und 10. Klasse

Der Deutschunterricht umfasst z. B. für die Klassenstufen 9 und 10 der Realschule im Saarland:[130]

Die Lernbereiche - mündliche und schriftliche Produktion von Texten
- Rezeption von Texten und
- Reflexion über Sprache.

Der Themenbereich „ausgewählte Lehrstücke Bert Brechts“ (*Der Jasager*, *Der Jasager und Der Neinsager*) ist für eine neunte Klasse im Fach Deutsch als Unterrichtseinheit konzipiert.

Diese Unterrichtseinheit kann sich demnach an den Rahmenrichtlinien und Aufgaben des Deutschunterrichts für die „Sekundarstufe I“ zu orientieren.

Die Lehrstücke Brechts sind eindeutig dem Lernbereich „Rezeption von Texten“ zuzuordnen. Die Rezeption von Texten ist im Rahmen des Begriffs „Umgang mit Texten“ zu verstehen, d. h. sie steht in engem Zusammenhang mit der Produktion von Texten und der Reflexion über Sprache.[131]

Die Lehrpläne der deutschen Bundesländer unterscheiden expositorische (sachbezogene bzw. nicht-fiktionale) Texte und ästhetische (poetische bzw. fiktionale) Texte, zu denen die Lehrstücke Brechts gehören. Die Kriterien der Textauswahl sollten dabei Lern- und Lesefähigkeit der Schüler/innen, sowie deren Erfahrungshorizont und die Exemplarik des Textes sein.[132]

Die einfache Sprache der ausgewählten Lehrstücke ermöglicht für die vorgesehenen Klassenstufen neun und zehn einen einfachen Lese-Einstieg in die Texte. Auch der Lerninhalt der Lehrstücke ist, im Rahmen der Unterrichtseinheit, durch ihre offensichtliche „Lehre“ unproblematisch.

---

[130] z. B. SCHULE IM SAARLAND. Vorläufiger Lehrplan für die Klassenstufe 9/10 - Realschule- Deutsch. Schriftenreihe des Ministers für Kultus, Bildung und Sport. Saarbrücken: 1981, p. 2.

[131] ibid., p. 17.

Der Erfahrungshorizont ist durch die „Verlagerung" der Lehrstücke in die Vergangenheit (und in einen anderen Kulturkreis) etwas problematisch. Doch durch die herausgestellte Exemplarik des Textes (gegen den „äußeren" Zwang einer Gruppe gerichtet) sind Übertragungen in die eigene Lebenswelt der Schüler/innen möglich („wer a sagt, muss nicht unbedingt b sagen").

Die herkömmliche Gattungsdreiteilung[133] (episch, lyrisch, dramatisch) ordnet die Lehrstücke zur Dramatik ein. Dabei wird im Fall der dramatischen Lehrstücke die Begegnungsform mit der Dramatik durch das eigene Aufführen erheblich erweitert.

Zu untersuchen sind je nach Intention und Textsorte der Inhalt und die Form von Texten, die Autorenabsicht, die Wirkung auf den Adressaten sowie die Vermittlungs- und Rezeptionsbedingungen.[134]

Diese Untersuchungsgegenstände bereiten keinerlei Probleme und sind in den nachfolgenden Konzeptionen der Unterrichtsstunden hinreichend dargelegt.

Die Differenzierungsmöglichkeiten sowie unterschiedliche Sozialformen und Arbeitstechniken, die der Lehrplan angibt, werden bei der Konzeption der einzelnen Stunden beschrieben. Es werden exemplarisch einige vorgestellt:

- häusliche Vorbereitung durch Leitfragen;
- Anlesen bzw. Anspielen der Lehrstücke;
- Gruppen- oder Partnerarbeit bei der Erarbeitung der Lehrstückinhalte.

Begründung der Thematik

Die Thematik der Unterrichtseinheit liegt zum einen in den jeweiligen Lehrplänen der Bundesländer begründet. Die Behandlung von ästhetischen, dramatischen Texten wird explizit im Lehrplan gefordert.[135] Der Umgang mit den Tex-

---

132 ibid., p. 17.
133 ibid., p. 18.
134 ibid., p. 18.
135 ibid., p. 17.

ten soll zum Weltverständnis der Schüler/innen auch außerhalb ihres Erfahrungsbereichs beitragen. Da sich die Handlung der Texte in einem anderen kulturellen und auch zeitlichen Umfeld abspielt, wird diese Zielsetzung durch die Lehrstücktexte erfüllt.

Eine kritische Reflexion über Wertvorstellungen und Verhaltensweisen wird durch die „negativen Muster“ der Lehrstücke erreicht und thematisiert.

Der ästhetische Genuss und die Freude am Umgang mit der Sprache in den Lehrstücken werden durch das szenische Spiel, das Lesen und die Diskussionen über die Inhalte der Lehrstücke vermittelt.

Der Umstand, dass B. Brecht zu den weltweit bekanntesten deutschen Schriftstellern gehört, hat für die Auswahl seiner Lehrstücke eine immense Bedeutung. Die Schüler/innen der Klassenstufe 9/10 sollten sich mit mindestens einem bekannten deutschsprachigen Schriftsteller des 20. Jahrhunderts auseinandersetzen. Da sich Brecht (als einer von wenigen unter den großen deutschen Autoren) durch seine Lehrstücke mit den Inhalten des Deutschunterrichtes auseinander setzte, bieten sich seine Lehrstücke für den Unterricht an. Brechts Anliegen, eine Kunstform für die breite Masse (allgemein verständlich gehalten) zu erschaffen, machen die Lehrstücke zu optimalem Schulstoff für eine 9. bzw. 10. Klasse der Sekundarstufe I.

2. Intentionalität

2.1. Leitziel

„Der Deutschunterricht kann in einen gesellschaftlichen Gesamtzusammenhang eingeordnet werden, d. h., in einer Demokratie ist das oberste Leitziel der Erziehung die Mündigkeit der Staatsbürger.“[136]

2.2. Richtziele

In der Unterrichtseinheit werden vor allem der Bereich „Rezeption von Texten“ sowie „mündliche und schriftliche Produktion von Texten“ behandelt. Die Schüler/innen sollen dabei die Fähigkeiten und Fertigkeiten im Umgang mit Texten gewinnen.

Sie sollen:[137]

- durch Textanalyse dargestellte Sachverhalte, Wertvorstellungen, Meinungen, Absichten, Gefühlshaltungen und Probleme erkennen und kritisch reflektieren;
- Bezüge zwischen dargestellter und erlebter Wirklichkeit herstellen;
- die gesellschaftliche Funktion und Bedeutung der Vermittler von Literatur (Presse, Rundfunk, Fernsehen, Theater) erkennen und bewerten lernen;
- Autorenintention und Wirkung auf die Adressaten untersuchen;
- Formelemente einzelner Textsorten erfassen, unterscheiden und zuordnen lernen.
- Freude an der Beschäftigung mit Literatur durch Lesen, Hören, Sehen (und diesem Fall auch durch eigene Inszenierungen) gewinnen.

[136] Schuster, Karl: Einführung in die Fachdidaktik Deutsch. Hohengehren: 1998, p. 12.
[137] z. B. SCHULE IM SAARLAND, op. cit., p. 19.

2.3. Grobziele der Unterrichtseinheit

Die Schüler/innen sollen mit Hilfe der Lehrstücke das „Wesen des Dramatischen“[138] ergründen. Dies geschieht, indem die Schüler/innen mit dramatischen Texten in Form der Lehrstücke vertraut gemacht werden. Es sollen literaturwissenschaftliche Grundbegriffe vermittelt werden. Dieser „werkimmanenten Methode“ zufolge werden dem Prinzip „literarischer Bildung“ nach die Stücktexte als fertige dramatische Kunstwerke aufgefasst. Die Struktur und der Gehalt dieser Lehrstücke sollen von den Schüler/innen entschlüsselt werden.

Die Lehrstücke sind aber nicht nur Lerngegenstand im Sinne von Parabeln, sondern auch Lernmittel, die am Ende einer Unterrichtseinheit eingesetzt werden.

Die Schüler/innen sollen weiterhin:

- Formen dramatischer Gestaltung kennen lernen und vergleichen lernen;
- das Drama als literarische Gattung zur Gestaltung gesellschaftlicher Konflikte begreifen;
- Fertigkeiten in der Analyse und Interpretation dramatischer Texte gewinnen;
- Freude und Fertigkeit im (szenischen) Rollenspiel, in szenischer Nachgestaltung und im Verfassen kleiner dramatischer Szenen erlangen;
- Die Wechselbeziehung zwischen Drama und Theater erkennen;
- Bereitschaft zur Beschäftigung mit Drama und Theater auch außerhalb der Schule entwickeln;
- mit großen Dramatikern bekannt gemacht werden.

[138] ibid., p. 30.

3. Die Zielgruppe

3.1. Anthropogene Voraussetzungen

Jede Unterrichtseinheit verlangt von dem/der Lehrenden, sich mit den Schüler/innen der Klasse auseinander zu setzen. Unterricht zu planen bedeutet, sich in erster Linie zu fragen:

Welche entwicklungspsychologischen und soziokulturellen Voraussetzungen bringen die Schüler/innen mit, um sich mit den im Lehrplan vorgegebenen thematischen Inhalten auseinander zu setzen?

In der neunten Klasse einer Sekundarstufe I sind die Jugendlichen im Alter von vierzehn, fünfzehn bzw. sechszehn Jahren und befinden sich in der Phase der Pubertät. Vom kognitiven Entwicklungsstand sind die Jugendlichen dieser Altersphase dem formal-logischen Denken zuzuordnen.[139]

Nach Mussen zeigt die kognitive Entwicklung von Jugendlichen dieser Altersphase einige Besonderheiten.[140] Die wichtigsten davon sind:

- Sie können deduktiv denken;
- Hypothesen über mögliche Problemlösungen aufstellen;
- Viele veränderliche Faktoren gleichzeitig im Gedächtnis behalten.

Ein Jugendlicher dieser Altersstufe beginnt zu lernen, den Wahrheitsgehalt seines Denkens kritisch zu überprüfen und zu hinterfragen, wobei sich das Denken generell von seiner Gebundenheit an die konkrete Wirklichkeit löst. Die Schüler/innen sind mehr und mehr daran interessiert, sich neues Wissen anzueignen. Dieses Bedürfnis nach Lernzuwachs ist eine gute Basis für die Entwicklung ihrer Urteils- und Kritikfähigkeit und bildet somit eine Grundlage für den Unterricht.

Vom körperlichen Entwicklungsstand her gesehen erfahren die Jugendlichen einen erheblichen Wachstumsschub, dessen Verlauf individuell verschieden ist.

---

[139] Gudjons, Herbert: Pädagogisches Grundwissen. Bad Heilbrunn: 1993, p. 47.

[140] Mussen, Peter: Einführung in die Entwicklungspsychologie. Weinheim: 1991, p. 64.

So sind in einer heterogenen Schulklasse puberalakzentuierte oder retardierte Entwicklungen zu beobachten. Dies sind Entwicklungsprozesse, wie z. B. das Akzeptieren der eigenen körperlichen Erscheinung, das Identifizieren mit der eigenen Geschlechterrolle sowie das Erwerben neuer, reiferer Beziehungen zu Gleichaltrigen. Diese Prozesse verlaufen oftmals zeitlich unterschiedlich, was im Klassenverband zu gruppendynamischen Spannungen führen kann.[141]
Es ist demnach wichtig, diese zum größten Teil geschlechtsspezifischen Spannungen in der methodischen Unterrichtsvorbereitung zu berücksichtigen. Es müssen Sozialformen ausgewählt werden, in denen die Schüler/innen einerseits inhaltlich effektiv arbeiten können, in denen sie andererseits auch lernen können, sich mit ihren Klassenkameraden sozial auseinander zu setzen. Gerade in Bezug auf die Identifikation mit der eigenen Rolle ist hervorzuheben, dass die Schüler/innen in dieser Altersphase besonders bestrebt sind, weitgehend selbstständig zu sein und sich Freiräume zu schaffen. Diese entwicklungspsychologischen Gegebenheiten aufzugreifen, ist besonders wichtig im Hinblick auf einen altersgerechten und -spezifischen Deutschunterricht.

3.2. Soziokulturelle Voraussetzungen

Im Prozess der Identifizierung ist der Jugendliche auf der „Suche" nach seiner eigenen Identität. Der junge Mensch sucht somit in seinem sozialen Umfeld nach Vorbildern (Idolen wie z. B. Kurt Cobain, Britney Spears usw.), während er sich gleichzeitig von seinem familiären Umfeld distanziert, um sich ein eigenes Bild machen zu können. Es gibt in der heutigen Gesellschaft keine traditionell sicheren Orientierungsmuster und damit „vorgestanzte Lebensentwürfe", oder kalkulierbare Karrieren mehr, die dem Jugendlichen bei seiner Suche nach der eignen Identität neue Orientierung aufzeigen könnten. Hier steht der Ju-

[141] Gudjons, op. cit., p. 47.

gendliche vor einem vielfältigen Angebot von Lebensentwürfen, die ihm eine Orientierung erschwert.[142]

Eine weitere Erfahrung vieler junger Menschen ist die Trennung ihrer Eltern. Viele Jugendliche wachsen als „Schlüsselkinder“ bei nur einem Elternteil auf. In dieser Entwicklungsphase kommt dem durch andere Gleichaltrige geprägten Umfeld der Jugendlichen eine große Bedeutung zu. Aufgrund der familiären Entfremdung stellen die Gleichaltrigen die „Ersatzfamilie“ dar, in der die Jugendlichen Akzeptanz, Verlässlichkeit, Geborgenheit und Ähnliches suchen. Die Jugendlichen fühlen sich gegenüber der Erwachsenenwelt in Sicherheit und geborgen. Dieser Aspekt, dass sich die Jugendlichen in den „peer groups“[143] mit ihrer Rolle in der Gesellschaft auseinandersetzen wollen, birgt auch die Gefahr, dass kriminelle Handlungen dabei eine wesentliche Rolle einnehmen können.

Die heranwachsenden Jugendlichen sind in diesen Tagen durch eine starke Medien- und Konsumhaltung geprägt. Die virtuellen Medien (Computerspiele, Internet usw.), das Fernsehen, Video, SMS uvm. bilden eine Scheinwelt, in der die Jugendlichen aus der realen Welt flüchten können. Die Gefahr der Reizüberflutung ist dabei nicht zu verleugnen. Dies könnte eine mögliche Erklärung für die Einwortsatzbildungen der Jugendlichen bei ihrer alltäglichen Kommunikation sein.

Nur noch ein Drittel der Jugendlichen schätzt seine persönlichen Perspektiven optimistisch ein (*12. Shell Jugendstudie '97*). Als Hauptargument werden von den Jugendlichen die hohe Arbeitslosigkeit und die Umweltverschmutzung genannt.[144]

---

[142] Biebau, Eckart: Sehnsucht nach Sinn. In: Schüler 97. Stars-Idole-Vorbilder, p. 24.

[143] Peer groups [engl. 'gleichrangige, gleichaltrige Gruppen'], Bezeichnung für Gruppen gleichaltriger Kinder und Jugendlicher, die sich spontan bilden und von großer Bedeutung für die Sozialisation sind; sie können sich zu eigenständigen Subkulturen entwickeln. In: dtv-Lexikon in 20 Bänden. Band 14. Mannheim, München: 1997, p. 30.

[144] Jugendwerk der Deutschen Shell (ed.). Jugend '97.

Da z. B. das Saarland (statistisch gesehen) durch seinen Strukturwandel ein Bundesland mit einer hohen Arbeitslosenquote ist (12,6%)[145], werden viele Jugendliche durch einen möglichen Arbeitsplatzverlust ihrer Erziehungsberechtigten indirekt mit dem Problem der Arbeitslosigkeit konfrontiert.
Die möglichen Folgen, wie z. B. eine Verarmung der Familie, führen bei den Elterngenerationen zu einer Orientierungslosigkeit, die eine entwicklungspsychologisch bedingte Orientierungslosigkeit der Jugendlichen bestärken kann. Zusätzlich kann sich die eigene Lehrstellensuche auch als extrem schwierig (manchmal auch frustrierend) gestalten.
Letztendlich bringen die Jugendlichen der 9. und 10 Klassenstufe die besten Voraussetzungen mit, sich mit Problemen (wie in den *Lehrstücken* aufgezeigt) auseinander zu setzen. Weiterhin sind durch die Auflösungen traditioneller Lebensmuster[146] die Jugendlichen orientierungslos und auf Grund der modernen Konsumgesellschaft zu einer passiven Haltung erzogen. Durch ihre Flucht in die Massenmedien[147] vereinsamen sie sozial, und ihr Rollenbewusstsein innerhalb der Gesellschaft kann undefiniert bleiben.
Im (Deutsch-)Unterricht ist es, vor allem durch die *Lehrstücke*, möglich, die Jugendlichen anzusprechen. (Wie sieht die Lebenswelt des Knaben aus (vaterlos, kranke Mutter)? Warum macht er eine solch gefährliche Reise (zum Wohle der Mutter, die nur ihn hat)? usw.)
Der/Die Lehrende kann an diese soziokulturellen Voraussetzungen anknüpfen, indem er/sie versucht, durch affektive Lernziele eine Offenheit und Bereitschaft

---

145 Wirtschaft in Zahlen '99. Bundesministerium für Wirtschaft und Technologie [ed.]. Berlin: 1999, p. 20.

146 Opaschowski, Horst W.: Von der Generation X zur Generation @. In: Aus Politik und Zeitgeschichte. B. 41/99. Bonn: 1999, p. 10-16, p.10: Immer weniger Ehen, immer weniger Kinder, immer weniger Familien in Deutschland.

147 Studie: „Jugend, Information, Multimedia 1998.". British American Tobacco (BAT) [ed.]: 62% der Jugendlichen sehen an einem Wochentag durchschnittlich 117 Minuten fern. Daneben schauen sie häufiger Videofilme, surfen im Internet, spielen Computerspiele und hören CD.

für Inhalte aufzubauen, die in seiner/ihrer realen Umgebung wiedererkennbar sind:

Das Nachdenken über das fremde, frühere andere Leben eines vaterlosen Knaben zu einer anderen Zeit, in einem anderen Land hilft vielleicht, auch über sich selbst ein wenig zu reflektieren.

Durch solche affektiven Lernziele können die Jugendlichen Haltungen entwickeln, die ihnen im Prozess der Identitätsbildung hilfreich sein können.

4. Konzeption der einzelnen Unterrichtsstunden

4.1. Die Einführungsstunde / Erste Doppelstunde

4.1.1. Stundenziel

Die Schüler/innen sollen sich anhand der Inszenierung des Textes *Der Jasager* (1. Fassung) mit dem Knaben identifizieren. Dadurch sollen sie inhaltlich (wie Brecht auch) zu der Lösung kommen: Der alte Brauch ist durch einen neuen, besseren, menschlicheren zu ersetzen.

4.1.2. Feinziele

Feinziele der kognitiven Dimension

Die Schüler/innen

- sollen den Inhalt des Textes mit eigenen Worten mündlich wiedergeben können. (Reproduktion);
- sollen eine eigene Stellungnahme zu dem Ende der ersten Fassung des *Jasagers* mündlich formulieren können. (Transfer);
- sollen den Text *Der Jasager* (1. Fassung) spontan inszenieren können. (incl. Verfremdung = Transfer);
- sollen eine „alternative" Lösung des Jasagers finden können. (Kreativität).

Affektive Lernziele

Die Schüler/innen sollen

- durch das szenische Spiel für die Situation des Knaben und der Mutter Mitgefühl aufbringen können;
- durch das szenische Spiel die Freude an der deutschen Dramatik und Sprache entdecken.

Pragmatische Lernziele

Die Schüler/innen sollen durch die verfremdete Verwendung von verschiedenen Gegenständen ihre Fähigkeiten im Bereich der intellektuellen Operation als auch im Bereich des Psychomotorischen verbessern.

Soziale Lernziele

Die Schüler/innen

- sollen lernen, dass es nur durch Ruhe und Aufmerksamkeit gelingen kann, eine Inszenierung mit einer ganzen Klasse zu realisieren;
- sollen lernen, dass geäußerte Empfindungen Respekt verlangen und nicht abgewertet werden dürfen;
- sollen durch die Inszenierung des Lehrstücks lernen, selbstständig zu denken, zu fühlen und zu handeln, sich gleichzeitig aber mit den Mitschüler/innen zu verständigen lernen.

4.1.3. Methodische Vorgehensweise

Die analytisch-synthetische Verfahrensweise wird dieser Doppelstunde zu Grunde gelegt. Bei dieser Methode wird zunächst das Ganze (*Der Jasager* 1. Fassung) betrachtet und anschließend in einzelne Elemente zerlegt. Diese einzelnen Elemente werden dann genauer untersucht, und das Augenmerk wird auf die bedeutungswichtigen Teile des Lehrstücks gelegt. Dabei werden die gegenseitigen Beziehungen und das Zusammenwirken der wesentlichen Teile innerhalb des Lehrstücks untersucht. Mit diesen neuen Informationen wird anschließend eine Abwandlung in Form eines alternativen Endes gesucht. In Bezug auf die Einführungsstunde ergibt sich somit folgende Vorgehensweise:

a) Die Schüler/innen werden in der Hinführungsphase mit dem Begriff „Schuloper“ konfrontiert, der durch ein „Brainstorming“ an der Tafel mit spontanen Einfällen gefüllt werden soll.

b) Anschließend werden die Texte ausgeteilt, die Rollen verteilt und einmal zur Probe durchgelesen. Nach diesem ersten „Probedurchlauf“ müssen die Schüler/innen auf einige Regeln hingewiesen werden:[148]

- saubere Aussprache;
- weder durch die Klasse schreien, noch nuscheln;
- auch laut (mit viel Luft: Behauchung) flüstern;
- offen spielen (viel vom Spieler zeigen, nie mit dem Rücken zum Plenum);
- nicht „klumpen“, sondern den ganzen Raum beim Spielen sinnvoll ausnutzen;
- Handlungsbereiche räumlich festlegen[149] (Tiefe und Breite des Raums);
- in der Höhe spielen (auf Schulmöbel, Personen klettern; aber auch kauern usw.).

c) Jetzt versuchen die Schüler/innen das Lehrstück selbstständig ohne Hilfe der Lehrperson zu inszenieren. Sie müssen dabei bestimmte Dinge berücksichtigen:

1. Der große Chor wird durch die gesamte Klasse gebildet, d. h., alle Mitakteure müssen einen bestimmten Rhythmus finden, damit es nicht zu einem Durcheinander kommt. Lässt man die Spielenden selbst eine Lösung finden, so wird man über die Kreativität der Jugendlichen erstaunt sein (z. B. jemand der rhythmisch vortrommelt, oder jemand, der durch Gesten den Sprechrhythmus bestimmt usw.).

---

148 Waegner, Heinrich: Theaterwerkstatt. Von innen nach außen - über den Körper zum Spiel. Kommentierte Wege vom Warm-up bis zur Spielvorlage. Rainer Siegle und Jürgen Wolff [eds.]. Stuttgart: 1994, p. 9.

149 vide infra, p. 56: Genau wie Brecht die Raumaufteilung skizziert hatte.

2. Ob die Mitspieler (die keine der Hauptrollen besetzen) sitzen bleiben oder sich im Raum verteilen ist ebenfalls nicht festgelegt. Die Klasse kann ebenfalls selbstständig entscheiden, wo sich die Mitglieder des großen Chors am Besten platzieren.
3. Welche Hilfsmittel werden gebraucht für die Raumabgrenzung, oder um ein Seil für das Bergsteigen darzustellen, für die Berge, für die Steine oder für den Medizinkrug. Mit bestimmten Gegenständen kann man funktionale, akustische und raumschaffende Verfremdungen zum Genuss der Spielenden produzieren und sich dabei kreativ mit der Umwelt auseinandersetzen (z. B. Mäppchen für Steine-Ersatz, zusammengebundene Kleidungsstücke für das Bergseil, Getränkebehälter für den Medizinkrug usw.).

d) Nach der Inszenierung sollen die Schüler/innen durch diesen ganzheitlichen Gesamteindruck den Inhalt des Textes, ihre Erkenntnisse und Gefühle mündlich wiedergeben.

e) Anschließend werden alternative Lösungen für das Ende des Jasagers (1. Fassung) gemeinsam gesucht und schriftlich festgehalten. Wobei die mündliche Wiedergabe im Plenum auch spontan aufgeführt werden kann.

4.1.4. Medienanalyse

Tafel und Tafelbild **(M 1,2)**

In der Hinführungsphase werden bei dem Brainstorming[150] zu dem Begriff „Schuloper“ sämtliche von den Schüler/innen gesammelten Vorschläge auf die Tafelmitte geschrieben. Dieses Tafelbild wird dann von allen Schüler/innen in ihre, für diese Unterrichtseinheit anzulegende, Mappe übertragen. Dieses Tafel-

[150] Brainstorming [von engl. „Geistesblitz“] von A. F. Osborn entwickelte Technik zur Anregung kreativen Denkens in Gruppendiskussionen, bei denen die Teilnehmer ihre Gedanken zu seinem bestimmten Problem spontan äußern; Kritik ist untersagt, damit die Ideenfindung nicht gehemmt wird; Auswertung und Beurteilung der Einfälle erfolgt in einem späteren Arbeitsgang. In: dtv-Lexikon in 20 Bänden. op. cit., Band 3, p. 30.

bild wird dabei immer auf der ersten Seite dieser Mappe zu sehen sein, damit die Schüler/innen ständig über den ersten Eindruck, den sie zu dem Themengebiet Theater hatten, vor Augen haben. Somit bleibt ihnen ihr erster unverfälschter Eindruck zu Theater in der Schule immer im Gedächtnis.
Ebenso verhält es sich mit den Regeln für die Aufführung. Diese Regeln werden auf der Seitentafel festgehalten und von den Schüler/innen in ihre Mappe auf das nächste Blatt übertragen. Diese verbindlichen und allgemein gehaltenen Regeln sind bei den folgenden Inszenierungen zu beachten und deswegen von zentraler Bedeutung.

Lehrstücktext: „*Der Jasager*" (1. Fassung)
Die Textgrundlage bildet die „Große kommentierte Berliner und Frankfurter Ausgabe. Stücke 3. Suhrkamp Verlag. BERTOLT BRECHT" von 1988 in 30 Bänden. Der Text wird den Schüler/innen ausgeteilt. Er enthält die vollständige, erste Fassung des Lehrstücks „Der Jasager", die von Bertolt Brecht für die Aufführung in Schulen bestimmt war.
Die Schüler/innen setzen sich in der Erarbeitungsphase mit dem Text auseinander und versuchen diesen im Klassenverband zu inszenieren. Der Text verlangt keinerlei Vorwissen und ist von sprachlicher Einfachheit, so dass es zu keinen Verständnisproblemen kommen dürfte.

Protokoll des Sitzkreises (**M 3**)
Wie das Protokoll des Sitzkreises sich gestaltet, ist vollkommen offen. Es dient zur Sicherung der Beiträge von einzelnen Schüler/innen, die durch Anmerkungen, Vorschläge und Kritik die weitere Arbeit verbessern bzw. auch erleichtern möchten. Es wird im Anhang ein Formblatt für die Erstellung eines Protokolls dargelegt, welches es der/m mitschreibende/n Mitschüler/in erleichtern soll, die Anregungen der Mitschüler/innen systematisch festzuhalten.

Erster Fragebogen (**M 4**)

Der erste Fragebogen soll den Schüler/innen Raum geben, ihre Eindrücke, Erfahrungen und Urteile der vergangenen Doppelstunde aufzuschreiben. Der Fragebogen wird am Ende der zweiten Stunde ausgeteilt, von den Schüler/innen ausgefüllt und anonym zurückgegeben.

Auf diese Weise durchdenken die Schüler/innen selbst die vergangene Stunde noch einmal kritisch und konstruktiv, variieren selbst die Erfahrungen, die sie gemacht haben.

4.1.5. Stundenverlauf

Hinführungsphase:

Zu Beginn der Stunde (nach der Begrüßung) steht an der Tafel das Brainstorming zu dem Begriff „Schuloper" im Vordergrund (**M 1**). Das Brainstorming dient als Impuls (der „erarbeitenden" Aktionsform) um die Schüler/innen zu einem themenzentrierten Nachdenken anzuregen. Die Schüler/innen werden dabei, im Hinblick der Schüler/innenzentrierung, ihre Vorschläge selbst an die Tafel schreiben. Hierbei sollen sie diese zuerst mündlich äußern. Sollten Schüler/innenäußerungen ausbleiben, dann wird die lehrende Person mit Hilfsfragen („fragend-entwickelnd") lenkend eingreifen.

Zielangabe: „*Die Aufführung des Lehrstücks 'Der Jasager' durch alle Klassenmitglieder.*"

Erarbeitungsphase:

Nach der Hinführung zur Stundenthematik wird die Sozialform des Frontalunterrichts gewählt, damit die Möglichkeit gegeben ist, alle Schüler/innen gleichzeitig zu erreichen.

Zuerst wird jeweils ein Text an jede/n der Schüler/innen ausgeteilt. Anschließend werden die Rollen verteilt und der Text wird einmal in verteilten Rollen durchgelesen. Die Klasse wird dabei darauf hingewiesen, dass der große Chor durch sämtliche Klassenmitglieder repräsentiert werden muss. Nun sind die Schüler/innen zum ersten Mal gefordert, eine einheitliche Linie zu finden. Dabei kann dieser erste Versuch auch ruhig „in die Hose gehen". Die Schüler/innen werden für die eigentliche, noch folgende Inszenierung nach einer passenden Lösung suchen und diese auch mit hoher Wahrscheinlichkeit finden. Danach werden die aufgeführten Regeln mit den Jugendlichen erarbeitet und auf der Seitentafel schriftlich fixiert (**M 2**).

Nun wird den Schüler/innen „das Heft" in die Hand gegeben. Dies geschieht im Hinblick größtmöglicher Schülerzentrierung (d. h., die Aktionsform wäre in diesem Fall „entdeckenlassend", sie wird aber durch das szenische „Spiel" ersetzt), die Sozialform ist die Gruppenarbeit, da der gesamte Klassenverband das Lehrstück gemeinsam als eine Gruppe aufführt. Die Jugendlichen versuchen nun autark eine Inszenierung auf die Beine zu stellen, die von/m Lehrende/m (nur begleitend) unterstützt wird. Diese Aufführung erfolgt unter der Prämisse, dass der/die Lehrende den Schüler/innen erklärt hat, dass dieses Stück speziell für Laien (im wahrsten Sinne des Wortes) konzipiert wurde, um ihnen eventuell auftretende Hemmungen zu nehmen. Auch darf der Text im Sinne „darstellendes Lesen" benutzt werden, jedoch sollten die Akteure versuchen ihren Text so frei wie möglich vorzutragen.

Während der Vorbereitungen zur Aufführung wird die Lehrperson nur bei eventuellen Rückfragen eingreifen. Die Schüler/innen sollen sich, vollkommen losgelöst von den allgemein üblichen Konventionen des normalen Deutschunterrichts, frei entfalten können.

Die eigentliche Aufführung verfolgt die Lehrperson als Beobachter, um eventuell Bilder zur Inszenierung zu machen (für das Klassenarchiv) oder um sich Notizen (mit Verbesserungsvorschlägen) zu machen.

Nach der Inszenierung wird über die Eindrücke, Gefühle und Erkenntnisse der Schüler/innen diskutiert. Diese Diskussion sollte im Sitzkreis stattfinden, damit alle Schüler/innen gleichberechtigt ihren mündlichen Beitrag den anderen Klassenmitglieder/innen zugänglich machen können. Natürlich ist auch eine Feedbackrunde zur Inszenierung angebracht. Die Schüler/innen sind in diesem Fall oftmals kritischer, als die Lehrperson es wäre. Erkenntnisse zur Aufführung, die eine weitere Inszenierung „verbessern" würde, sollten von einem Protokollanten, der den Ablauf des Sitzkreises festhält, aufgeschrieben werden (**M 3**). Diese Vorschläge sollten für die nächste geplante Aufführung zur Verfügung stehen und dann auch berücksichtigt werden.
Am Ende dieser Doppelstunde wird dann der erste Fragebogen ausgeteilt (**M 4**). Dieser dient der Reflexion und Zusammenfassung der Inhalte, Erkenntnisse und Eindrücke dieser beiden Stunden.[151]

Hausaufgabe:

Als Nächstes werden die Hausaufgaben aufgegeben. Bei der Hausaufgabe handelt es sich um eine „schriftliche Nacherzählung", die einen nachbereitenden und vertiefenden Charakter hat:

- nachbereitend, weil die 1. Szene (bis zu dem „großen Chor" auf der Seite 52) möglichst genau nachzuerzählen ist;
- vertiefend, weil die 2. Szene in ihrem Handlungsablauf beliebig verändert werden darf.

Der Umfang der geplanten Hausaufgabe ist nicht vorgegeben, da der Phantasie der Jugendlichen keine Grenzen gesetzt oder Hindernisse in den Weg gelegt werden sollen. Aber es gibt immer ein paar besonders „schlaue" Klassenmitglieder, die den Handlungsablauf der 2. Szene aus Bequemlichkeit nicht ändern würden. Diese Vorgehensweise sollte die Lehrperson gleich mit dem Zusatz

[151] vide supra, p. 54 und 55.

versehen, dass eine Nicht-Veränderung der 2. Szene auch entsprechend begründet werden muss.

Der Arbeitsauftrag wird an der Tafel schriftlich formuliert:

- Die erste Szene (bis S. 52 - Beginn „großer Chor“) sollt ihr möglichst genau nacherzählen!
- Die zweite Szene (von S. 52 bis zum Ende) könnt ihr beliebig verändern. Wenn ihr diese zweite Szene nicht verändern wollt, so müsst ihr dies schriftlich begründen!

4.2. Die dritte Unterrichtsstunde / Die erste Einzelstunde

In dieser Unterrichtsstunde geht es um den Vergleich der veränderten 2. Szene der Schüler/innen (durch ihre gemachten Hausaufgaben) mit den Schüler-Protokollen der Karl-Marx-Schule in Neukölln (Berlin) von 1930 (**M 6**).

4.2.1. Stundenziel

Die Schüler/innen sollen durch den Vergleich der Schüler-Protokolle von 1930 mit ihren eigenen Vorstellungen eines alternativen Endes für das Lehrstück erkennen, dass es eine sogenannte <u>zeitlose</u> Lehre gibt, die in diesem Lehrstück steckt. Die Einsicht des Autors, die auf der Kritik von Schülern beruht, Alternativen zu diesem Lehrstück zu bieten bzw. es durch Neukonzeption zu ersetzen, soll am Ende der Stunde thematisiert werden.

4.2.2. Stundenverlauf

Nach der Begrüßung werden die Hausaufgaben der Schüler/innen besprochen. Dabei sollen einzelne Konzeptionen der ganzen Klasse vorgetragen werden. Diese Vorschläge, den Inhalt der ersten Szene zusammenzufassen und den individuell veränderten Handlungsablauf der zweiten Szene, werden dann im Plenum mündlich besprochen.

Anschließend teilt die Lehrperson die Arbeitsblätter (**M 6**) aus, die Protokollauszüge der Diskussionen über den Jasager (1. Fassung) von 1930 beinhalten. Anhand dieser Arbeitsblätter sollen die Schüler/innen (in Partnerarbeit) die Unterschiede, aber auch die Gemeinsamkeiten der Schüleraussagen von 1930 und ihrer eigenen in den Hausaufgaben dargelegten Sichtweisen vergleichen und schriftlich herausarbeiten. Die Aktionsform ist „entdeckenlassend", da bei der schülerkooperierenden Partnerarbeit (zwei Schüler/innen erhalten nur ein Arbeitsblatt) die beiden Schüler/innen die Aufgaben selbstständig bearbeiten. Die Lehrperson hält sich wieder als beratende Instanz im Hintergrund und greift nur auf Anfrage mit „leichten" Hilfestellungen ein.
Am Ende dieser Stunde stellen die Schüler/innen die Ergebnisse ihrer Partnerarbeit dem Plenum in mündlicher Form vor. Die Unterschiede und Gemeinsamkeiten werden hierbei besonders hervorgehoben. Das Plenum bietet hierbei eine Plattform, um die Ergebnisse der Partnerarbeit zu korrigieren, Fehlendes zu ergänzen und Sachverhalte richtig zu stellen. Die Schüler/innen werden somit in die Lage versetzt, einander zuzuhören, voneinander zu lernen und andere Auffassungen zu respektieren.

Hausaufgabe

Der Jasager (2. Fassung) wird am Ende der Stunde ausgeteilt und soll zu Hause vorbereitend gelesen werden. Dabei sollen die Unterschiede zwischen den Fassungen auf einem Blatt schriftlich fixiert werden.

4.3. Die vierte und fünfte Unterrichtsstunde / Die zweite Doppelstunde

4.3.1. Stundenziel

Die Schüler/innen sollen die wesentlichen Unterschiede der 1. Fassung des *Jasagers* und der 2. Fassung des *Jasagers* mündlich und schriftlich nennen können und die, mit der Änderung verbundene, Intention des Autors erkennen und nennen können.

4.3.2. Stundenverlauf

Nach der Begrüßung wird das „2. Arbeitsblatt“ (**M 7**) ausgeteilt und die Hausaufgaben werden in der Sozialform des Frontalunterrichts besprochen. Die Unterschiede zwischen den beiden Fassungen werden auf dem „2. Arbeitsblatt“ festgehalten, wobei der Inhalt der ersten wie auch der zweiten Fassung (durch die Leitfragen) wiederholt werden. Durch diese „fragend-entwickelnde“ Aktionsform werden die zusammengetragenen Punkte dann stichwortartig, in der jeweiligen Spalte des Blattes festgehalten. Zur besseren Übersicht wird dieses Arbeitsblatt als OHP-Folie auf einen Over-Head-Projektor (OHP) aufgelegt, damit den Schüler/innen alle Informationen gleich zugänglich präsentiert werden können. Die einzelnen Schüler/innen, die anhand der Leitfragen die korrekte Antwort geben können, gehen (im Hinblick des schülerzentrierten Unterrichts) zu der OHP-Folie und schreiben ihre Stichpunkte auf, die dann auch zur freien Diskussion stehen.

Anschließend werden die Rollen verteilt, und die Schüler/innen versuchen, wie bei der ersten Fassung, eine Inszenierung zu arrangieren. Die Erkenntnisse, die durch die erste Aufführung erlangt wurden, sind bei der Inszenierung dieser Fassung mit einzubeziehen. Das in der ersten Doppelstunde angefertigte Protokoll, das in der Klassenmappe liegt, sollte in den Planungen entsprechende Berücksichtigung finden. Vor allem die Abänderungen der zweiten Fassung (z. B. der Versuch, den schmalen Grat zu überwinden) bedürfen einer stärkeren Anwendung von verfremdeten Gegenständen (z. B. ein Seil, um den schmalen Grat zu symbolisieren usw.).

Nach der Aufführung der zweiten Fassung des Jasagers wird im Sitzkreis (unter Protokollierung einer/s Schülers/in - **M 3**) zuerst die Inszenierung besprochen und anschließend die Intention des Autors zu deuten versucht. Die Schüler/innen sollen, auf Grund der Änderungen gegenüber der ersten Fassung, die Wirkungsabsichten des Autors interpretieren. Solche Fragen sind z. B.:

- Welche Wirkungen hatten die Änderungen auf die Spielenden?
- Welche Änderungen fehlen auch bei der 2. Fassung?
- Ist es den Spielenden leichter gefallen, die 2. Fassung zu inszenieren, oder war die 1. Fassung einfacher?

Sie können in diesem Zusammenhang ebenfalls geklärt werden. Methodisch bietet das Kreisgespräch die Möglichkeit, sachlich und logisch richtiges Formulieren einzuüben. Auch die Konzentrationsfähigkeit kann sich bei den Schüler/innen in dieser Lernatmosphäre steigern. Die Möglichkeit für schwächere Schüler/innen sich zu melden, kann im Sitzkreis größer sein, da die Hemmschwelle im Sitzkreis niedriger anzulegen ist.

Hausaufgabe

Die Schüler/innen sollen für die nächste Stunde den Text des *Neinsagers* durchlesen und auf dem 2. Arbeitsblatt ihre Erkenntnisse (mit Bleistift, damit Änderungen problemlos erfolgen können) schriftlich festhalten. Zudem sollen sie den gesamten Text des *Neinsagers* durchlesen und mit den beiden *Jasager*-Fassungen vergleichen.

4.4. Die sechste Unterrichtsstunde / Die zweite Einzelstunde

4.4.1. Das Stundenziel

Die Schüler/innen sollen die wesentlichen Unterschiede der 1. Fassung des *Jasagers*, der 2. Fassung des *Jasagers* und des *Neinsagers* mündlich und schriftlich nennen können und die mit den Änderungen verbundene Intention des Autors erkennen und nennen können.

4.4.2. Stundenverlauf

Nach der Begrüßung wird die OHP-Folie des 2. Arbeitsblattes aufgelegt und die Hausaufgaben besprochen. Dies geschieht, wie in der letzten Stunde, weitgehend durch die Schüler/innen selbst.
Dann werden wiederum die Rollen verteilt, und die Klasse macht sich daran, auch dieses Lehrstück zu inszenieren. Wieder sollten auch die Ergebnisse der Protokolle mit einbezogen werden. Die Lehrperson ist, wie in den vorherigen Aufführungen, nur beobachtende bzw. helfende Instanz. Da die Schüler/innen mittlerweile Erfahrung mit dem inszenieren haben, dürfte es zu keinerlei Problemen kommen.
Anschließend wird im Sitzkreis die Aufführung besprochen und die Absicht(en) des Autors werden zu deuten versucht. Spätestens jetzt müssen sich die Spielenden auch mit der Person Bertolt Brecht auseinandersetzen. Es werden Fragen erarbeitet unter deren Gesichtspunkten eine biographische Recherche als Hausaufgabe gemacht werden kann. Fragen wie: Wann lebte er, wie lange lebte er und wo? Welche Wirkungsgeschichte hatten er und seine Werke?

Hausaufgabe

Die Schüler/innen sollen sich über das Lebenswerk des Dramatikers, Lyrikers und Menschen Bertolt Brecht informieren. Dabei sind die Informationsquellen wie Stadtbücherei, das Internet, Monographien zu Bertolt Brecht, Biographien usw. von den Schüler/innen zu nutzen und als Quelle zu kennzeichnen.

4.5. Die siebte und achte Unterrichtsstunde - Die dritte Doppelstunde

4.5.1. Stundenziel

Die Schüler/innen sollen das aristotelische Dramenmodell kennen lernen, mündlich und schriftlich wiedergeben können und das Drama als eine literarische Gattung zur Gestaltung gesellschaftlicher Konflikte begreifen.

4.5.2. Stundenverlauf

Nach der allgemeinen Begrüßung werden die Hausaufgaben besprochen, dabei tragen einige Schüler/innen ihre Ergebnisse im Plenum vor. Bestimmte Punkte, die wichtig erscheinen, werden dabei von den Schüler/innen an der Tafel festgehalten. Wichtig im Hinblick auf den Lehrplan („Die Schüler sollen mit großen Dramatikern bekannt gemacht werden")[152] sind das Geburtsdatum, verschiedene Stationen in seinem Leben (Notabitur, Sanitätssoldat, Soldatenrat, Studium, Kleist-Preis uvm.) und bestimmte Bekanntschaften (wie z. B. mit Helene Weigel, Kurt Weill usw.). Den Schüler/innen sollte bewusst gemacht werden, dass Bertolt Brecht einer der herausragenden deutschsprachigen und internationalen Schriftsteller war.

Im Darauffolgenden muss der Begriff Drama (der durch die Bezeichnung „Dramatiker" für Bertolt Brecht gefallen ist) geklärt werden. Die Schüler/innen müssen nun den Darstellungen des Lehrers folgen, die im Tafelbild (**M 7**) dargelegt werden. Die darbietende Aktionsform wird durch den mündlichen Vortrag der Lehrperson unterstützt. Die Schüler/innen übertragen dieses Tafelbild in ihre angelegte Mappe und können Fragen zu diesem Tafelbild auch während dessen Genese stellen.

[152] Lehrplan, op. cit., p. 30.

Hausaufgabe

Die Schüler/innen sollen das Dramenmodell auf die Lehrstücke übertragen (wann beginnt die Steigerung, wo befindet sich der Höhepunkt). Dies sollte durch die Benutzung des Tafel-Schaubildes (**M 8**) erfolgen.

4.6. Abschlussstunde (neunte Unterrichtsstunde)

Zu Beginn dieser letzten Stunde der Unterrichtseinheit werden die Hausaufgaben kontrolliert, indem die Schüler/innen ihre Ergebnisse zuerst mündlich vortragen. Anschließend wird über die vorgetragene Beiträge diskutiert.

Nach dieser Hausaufgabenbesprechung wird ein Sitzkreis gebildet, in dem die Schüler/innen offen über die Unterrichtseinheit sprechen können. Dazu wird zuerst der zweiten Fragebogen (**M 5**) ausgeteilt. Die Schüler/innen sollen diesen Fragebogen, anonym ausgefüllt, zurückgeben. Dieser sehr kurze, klare Fragebogen holt die Einschätzung der Schüler/innen zu verschiedenen Aspekten (Spaß, Kenntnis der Materie und Methoden) der Unterrichtseinheit ein.

Nach der Rückgabe der Fragebögen durch die Schüler/innen wird eine offene Diskussion geführt. Dabei sind die eingeübten Verhaltensregeln im Sitzkreis einzuhalten. Wichtig sind in dieser Abschlussphase die inhaltliche Wiederholung aller drei Lehrstücke und deren Vergleich. Dabei ist ein Austausch über persönliche Standpunkte (die kurz und präzise formuliert sein müssen) zu der Wirkung der Lehrstücke auf die Schüler/innen von großer Bedeutung. Ein Anliegen Brechts war auch die Einführung einer kritischen Denkweise für die Schüler/innen. Auf Grund der negativen Handlungsmuster (bei den beiden *Jasager*-Fassungen) sollten die Jugendlichen lernen, Kritik an diesen Haltungen/Handlungen zu üben.

Die meisten Schüler/innen, die sich positiv über die Unterrichtseinheit äußern werden, finden ihre Begründung wohl hauptsächlich in den eigenen Aufführungen. Diese ganzheitliche Beschäftigung mit einer Materie bietet durch die Notwendigkeit der Mithilfe aller Schüler/innen für eine Inszenierung jedem der Klasse ein Forum, sich einzubringen und für das Gelingen der Aufführungen etwas beizutragen.

Auch die Beschäftigung mit Schülerprotokollen, die schon siebzig Jahre alt sind, stellen einen großen Reizfaktor dar, der nicht zu unterschätzen ist. Der direkte Vergleich mit älteren Denkmustern ist für die Jugendlichen ein Erlebnis, das sie nicht so schnell vergessen werden. Wenn auch noch die Lebensumstände der Anfang 30er Jahre in Berlin erläutert werden, bietet diese Historisierung eine Verbindung mit dem Geschichtsunterricht.

Die „Gelangweilten“ dieser Unterrichtseinheit fallen im Allgemeinen auch durch rezeptives Verhalten in allen anderen Formen der Unterrichtsgestaltung auf. Diese permanente geistige Abwesenheit einzelner vom Unterricht ist auch durch „neue“ und interessante Varianten des Deutschunterrichts (in Form der szenischen Inszenierung von Lehrstücken) nicht zu eliminieren.

5. Lernzielkontrolle

Nach z. B. dem saarländischen Erlass zu Klassenarbeiten im Deutschunterricht vom 28. Januar 1999 haben diese den Zweck darüber Aufschluss zu geben, inwieweit im laufenden Unterricht gesetzte Lernziele erreicht wurden. Ihr Schwierigkeitsgrad und ihr Umfang sollen Schüler/innen von mittlerer Leistungsfähigkeit nicht überfordern.[153]

Jedoch können in schriftlichen Fächern zur Lernerfolgskontrolle auch:

- mündliche Wissens- und Diskussionsbeiträge über einen längeren Zeitraum (UE „Lehrstücke"),
- Führung des Haushefts über den Zeitraum der Unterrichtseinheit,
- Referat zu einem gestellten Thema (Leben, Wirkung, Stücke Bertolt Brechts),
- Anfertigen eines Protokolls (über die Kreissitzungen),
- mündlicher Bericht über die vorangegangene Stunde,

herangezogen werden.

Diese Überprüfungen tragen dazu bei, die Qualität der Mitarbeit im Unterricht zu beurteilen. Damit sind sie neben den Klassenarbeiten eine wichtige Grundlage für die fachlich-pädagogische Gesamtbeurteilung der Zeugnisnote.

Eine Lernzielerfolgskontrolle in Form einer Klassenarbeit könnte folgendermaßen aussehen:

[153] Erlaß betreffend Klassen- und Kursarbeiten sowie andere Lernerfolgskontrollen in schriftlichen und nichtschriftlichen Fächern (außer Sekundarstufe II). Auszug aus dem Erlaß vom 28. Januar 1999. In: Aufgabenbuch 2000/2001 für die Realschulen, Erweiterten Realschulen und Sekundarschulen im Saarland. Dillingen: 2000, p. 104.

Name, Vorname

X. Klassenarbeit im Fach Deutsch

Datum:

Thema: „Bertolt Brechts Lehrstücke: *Der Jasager* (1. Fassung), *Der Jasager und Der Neinsager*"

A) Stelle die wesentlichen Unterschiede zwischen den drei Lehrstücken heraus. Warum schrieb Brecht unterschiedliche Stücke zur gleichen Thematik? Was glaubst du, war seine Intention (= Grund)?

B) Versuche den zweiten Teil des Jasagers schriftlich neu zu verfassen.

C) Wie könnte eine anschließende Gerichtsverhandlung zu dem *Jasager* (1. Fassung) aussehen (Wer klagt an? Wer sind die Beklagten?). Beschreibe den Ablauf und versuche auch die Dialoge entsprechend zu schreiben.

D) Versuche zu einem der drei Lehrstücke eine Fortsetzung zu schreiben.

Eine der vier gestellten Aufgaben musst du beantworten!

Zur Verfügung stehende Zeit: 90 Minuten

Viel Erfolg!

6. Schlussbetrachtung

Bei der Vorstellung dieser Unterrichtseinheit ist deutlich geworden, dass diese ein recht anspruchsvolles Beispiel für den Bereich „Ästhetische Texte“ (Dramatik) darstellt. Ein besonderes Augenmerk ist dabei auf die Inszenierungen zu richten, die mit „pubertierenden“ Jugendlichen durchgeführt werden sollen.
Dennoch ist es sinnvoll, solch ein großes Wagnis einzugehen, damit einige Jugendliche dadurch ihre Scheu verlieren, andere Rollen darzustellen, ihrer Phantasie freien Lauf zu lassen und den oftmals trockenen Deutschunterricht etwas aufzulockern.
Manchmal kommt es vor, dass gerade Jugendliche, die mit sich selbst, mit der Grammatik- oder mit der Rechtschreibung Schwierigkeiten haben, bei einer Inszenierung besonderes Talent beweisen. Diese soziale Komponente und die Chance durch weniger kognitive Fähigkeiten den Unterricht aktiv mit zu gestalten, machen die dargelegten Lehrstücke für den Deutschunterricht erst interessant.
Die inhaltliche Komponente der drei Lehrstücke, nebst ihrer Theorie, ist für Jugendliche der Klassenstufe neun kein Problem. Die einfache Sprache, der geradlinige Ablauf (noch nach aristotelischem Muster) und die Durchschaubarkeit der Intention des Autors machen diese Texte zu einem guten Anschauungsprodukt der Literatur Bertolt Brechts. Die Behandlung eines großen Dramatikers, wie es im Lehrplan vorgegeben wird, fällt den Schüler/innen viel leichter, wenn sie sich zuvor mit einem Werk dieses Autors beschäftigt haben. Hinzu kommt, dass Brecht diese drei Lehrstücke für die Schule konzipiert hat. Auch der Vergleich mit den Protokollen von 1930 schafft weitere Bezugspunkte und erleichtert es, die nach dem Lehrplan zu erfüllenden Lernziele, auf eine für die Schüler/innen angenehmere Art zu erreichen.
Das im Rahmen dieser pädagogischen Studie vorgestellte Evaluationsinstrument kann bei der Überprüfung der genannten Lernziele auch der eigenen Un-

terrichtskonzeption dienlich sein. Die beiden Fragebogen sind nur ein Mittel, den Unterricht zu evaluieren. Die Auswertung und die Umsetzung der gewonnen Erkenntnisse liegen bei jeder Lehrperson selbst.

Am Ende gilt festzuhalten, dass der Unterricht, der von Schüler/innen beinahe selbst „durchgeführt" wird, sowie auch von ihnen selbst bewertet wird, nach dem didaktischen Höchstgut „Schülerzentrierung", fast ein Idealzustand von Unterricht ist.

LITERATURVERZEICHNIS

I. Werk- und Briefausgaben, Schriften, Textdrucke

a) Bertolt Brecht

- *Der Jasager und Der Neinsager*. Vorlagen, Fassungen, Materialien. Herausgegeben und mit einem Nachwort versehen von Peter Szondi. Frankfurt am Main: 1966.
- *Die Maßnahme*. Kritische Ausgabe mit einer Spielanleitung von Reiner Steinweg. Frankfurt am Main: 1972.
- Werke. Große kommentierte Berliner und Frankfurter Ausgabe. Stücke 4. Band. Werner Hecht, Jan Knopf, Werner Mittenzwei und Klaus-Detlef Müller [eds.]. Berlin, Weimar und Frankfurt am Main: 1988.
- Ausgewählte Werke in sechs Bänden. Erster Band. Frankfurt am Main: 1997.

b) Andere Autoren

- Weill, Kurt: Ausgewählte Schriften. Herausgeber: David Crew. Frankfurt am Main: 1975.

II. Sekundärliteratur

a) Monographien

- Brock, Hella: Musiktheater in der Schule. Leipzig: 1960.
- Büeler, X.: System Erziehung. Ein bio-psycho-soziales Modell. Bern: 1994.
- Burkard, Christian: Evaluation - ein Werkzeug der Schulentwicklung. In: Loccumer Protokolle 1/97.
- Eikenbusch, Gerhard: Praxishandbuch Schulentwicklung. Berlin: 1998.
- Esslin, Martin: Brecht. Das Paradox des politischen Dichters. München: 1970.
- Fend, H.: Theorie der Schule. 2. Auflage. München: 1981.
- Gudjons, Herbert: Pädagogisches Grundwissen. Bad Heilbrunn: 1993.
- Hill, Claude: Bertolt Brecht. München: 1978.
- Jöde, Fritz: Musik und Erziehung. Wolfenbüttel: 1919.
- Kamath, Rekha: Brechts Lehrstück-Modell als Bruch mit den bürgerlichen Traditionen. Frankfurt am Main/Bern: 1983.
- Knopf, Jan: Brecht-Handbuch. Theater. Eine Ästhetik der Widersprüche. Stuttgart: 1980.
- Krabiel, Klaus-Dieter: Brechts Lehrstücke. Entstehung und Entwicklung eines Spieltyps. Stuttgart/Weimar 1993.

- Mussen, Peter: Einführung in die Entwicklungspsychologie. Weinheim: 1991.
- Schuster, Karl: Einführung in die Fachdidaktik Deutsch. Hohengehren: 1998.
- Stamm, M.: Qualitätsevaluation und Bildungsmanagement im sekundären und tertiären Bildungsbereich. Frankfurt: 1998.
- Steinweg, Reiner: Das Lehrstück. Brechts Theorie einer politisch-ästhetischen Erziehung. Stuttgart: 1972.
- Waegner, Heinrich: Theaterwerkstatt. Von innen nach außen - über den Körper zum Spiel. Kommentierte Wege vom Warm-up bis zur Spielvorlage. Rainer Siegle und Jürgen Wolff [Hrsg.]. Stuttgart: 1994, p. 9.
- Werkstatt Literatur. Herausgegeben von Reiner Siegle und Jürgen Wolff. Stuttgart: 1988.
- Wottawa, H. & Thierau, H.: Lehrbuch Evaluation. 2. Auflage. Bern: 1998.
- Wyss, Monika: Brecht in der Kritik. München: 1977.

b) Aufsätze aus Sammelbänden

- Aristoteles: Poetik 5-11. In: Arbeitstexte für den Unterricht. Theorie des Dramas. Für die Sekundarstufe herausgegeben von Ulrich Staehle. Stuttgart: 1997, p. 8-13.
- Bauer, Karl W.: Brechts Lehrstück-Konzept in der Schule? Beispiele, Fragen Thesen. In: Auf Anregung Bertolt Brechts: Lehrstücke mit Schülern, Arbeitern, Theaterleuten. Reiner Steinweg (ed.). Frankfurt am Main: 1978, p. 30-56.
- Hauptmann, Elisabeth: Bericht von der Entstehung. In: Das Lehrstück. Reiner Steinweg [ed.]. Stuttgart: 1972.
- Krabiel, Klaus-Dieter: Literaturwissenschaft und Weltveränderung: Bemerkungen zu Reiner Steinwegs Kritik. In: Brecht Jahrbuch. 21. 1996.
- Mittenzwei, Werner: Die Spur der Brechtschen Lehrstücktheorie. In: Brechts Modell der Lehrstücke, Zeugnisse, Diskussion, Erfahrungen. Reiner Steinweg [ed.]. Frankfurt am Main: 1976, p. 225-254.
- Richard, Jörg: Brechts Lehrstück-Theater und Lernen in der Schule. In: In: Auf Anregung Bertolt Brechts: Lehrstücke mit Schülern, Arbeitern, Theaterleuten. Reiner Steinweg (ed.). Frankfurt am Main: 1978, p. 57-112.

c) Aufsätze aus Zeitschriften

- Balzer, Karl-Michael: Notizen zum neuen Spieltrend. In: Rhetorik, Ästhetik, Ideologie. Aspekte einer kritischen Kulturwissenschaft. Stuttgart: 1973, p. 21-48.
- Brock, Hella: Bertolt Brecht. In: Kurt Schwaen: Die Horatier und die Kuratier, Wissenschaftliche Zeitschrift der Universität Halle-Wittemberg, ges. u. sprachw. Reihe 1980.
- Höger, Alfons: Reiner Steinweg, Das Lehrstück. In: Text & Kontext 2, 1974, Heft 3, p. 100-124.
- Krabiel, Klaus-Dieter: Das Lehrstück - ein mißverstandenes Genre. In: Der Deutschunterricht 46. 1994. Heft 6.
- Opaschowski, Horst W.: Von der Generation X zur Generation @. In: Aus Politik und Zeitgeschichte. B. 41/99. Bonn: 1999, p. 10-16.
- Steinweg, Reiner: Das Lehrstück - ein Modell des sozialistischen Theaters. In: alternative 78/79. 1971.

d) Sonstige Literatur

- dtv Lexikon in 20 Bänden. 3./5./14. Band. Mannheim, München: 1997.
- Erlaß betreffend Klassen- und Kursarbeiten sowie andere Lernerfolgskontrollen in schriftlichen und nichtschriftlichen Fächern (außer Sekundarstufe II). Auszug aus dem Erlaß vom 28. Januar 1999. In: Aufgabenbuch 2000/2001 für die Realschulen, Erweiterten Realschulen und Sekundarschulen im Saarland. Dillingen: 2000.
- Jugendwerk der Deutschen Shell (ed.). Jugend '97.
- Lehrplan. Erweiterte Realschule. Klassenstufe 8. Ministerium für Bildung, Kultur und Wissenschaft. Saarbrücken: 2000.
- SCHULE IM SAARLAND. Vorläufiger Lehrplan für die Klassenstufe 9/10 - Realschule- Deutsch. Schriftenreihe des Ministers für Kultus, Bildung und Sport. Saarbrücken: 1981.
- Studie: „Jugend, Information, Multimedia 1998.". British American Tobacco (BAT) [ed.].
- Wirtschaft in Zahlen '99. Bundesministerium für Wirtschaft und Technologie [ed.]. Berlin: 1999.

Anhang

M 1 Tafelbild „Brainstorming“

langweilig

Schauspieler

Stars

Musik

Schuloper

doof

Mozart

Zauberflöte

Lehreridee

dumm

Spinnerei

Musikunterricht

Anmerkungen zu dem Tafelbild:

Dieses Tafelbild ist nur als Vorlage gedacht. Die ersten Assoziationen, die Schüler/innen bei dem Begriff Theater haben, sind sehr unterschiedlich, da die Erfahrungen mit Theater bei jeder/m einzelnen der Lernenden unterschiedlich ist.

Wichtig ist bei der Brainstorming-Methode, dass die Äußerungen der Schüler/innen ohne kritische Bemerkungen als freie Assoziationen an die Tafel geschrieben werden.

M 2 Tafelbild „Regeln für das Aufführen eines Theaterstückes“

Was wir für die Aufführung des Lehrstückes *Der Jasager* beachten müssen:

- saubere Aussprache;
- weder durch die Klasse schreien, noch nuscheln;
- auch laut (mit viel Luft: Behauchung) flüstern;
- offen spielen (viel vom Spieler zeigen, nie mit dem Rücken zum Plenum);
- nicht „klumpen“, sondern den ganzen Raum beim Spielen sinnvoll ausnutzen;
- Handlungsbereiche räumlich festlegen (Tiefe und Breite des Raums);
- in der Höhe spielen (auf Schulmöbel, Personen klettern; aber auch kauern).

Zusätzlich sollten wir noch allgemeine Regeln aufstellen:

- Den Alltag (Nahrungsmittel, Gerede) vor der Türe lassen.
- Wenn es zum Aufführen kommt, absolute Konzentration (kein Gerede, keine Geräusche).
- Totenstille für den Beginn der Aufführung abwarten.
- Bei Besprechungen von vorgespielten Szenen grundsätzlich zuerst das Positive anmerken, und zwar nicht im Sinne einer Wertung, sondern was bei einem angekommen ist. Der Spielende kann dann selber vergleichen, wie weit seine Spielabsichten erfolgreich waren, und ist nicht durch harsche Kritik für immer verunsichert, sondern kann darauf aufbauen und weitere Wagnisse eingehen.

M 3 Formblatt eines Stundenprotokolls

Stundenprotokoll

Datum: Stunde: Fach:

Lehrperson: Protokollant: Thema:

1. Beiträge

---

von: Inhalt:

von: Inhalt:

von: Inhalt:

von: Inhalt:

von: Inhalt:

2. Fragen und Antworten

---

von: Inhalt:

beantwortet von: Inhalt:

von: Inhalt:

beantwortet von: Inhalt:

von: Inhalt:

beantwortet von: Inhalt:

Diese Formblatt dient nur als Leitfaden für den Protokollanten. Zusätzlich hat er/sie noch ein zweites, leeres Blatt für eigene Anmerkungen zu der Diskussionsrunde.

M 4 - Erster Fragebogen

Moment mal! Was war heute eigentlich los?

1. Der Spaßfaktor des heutigen Tages war: Auf einer Skala: 0 (Gäähn) bis 10 (Super)

2. Thema des heutigen Tages war:

___

___

3. Besonders interessant war für mich:

___

___

4. Folgende Dinge sind mir klar geworden:

___

___

5. Unklar geblieben ist mir:

___

___

6. Ich habe noch folgende Fragen zu diesem Thema:

___

___

7. Nicht gefallen hat mir:

___

___

8. Wie würde ich als „Knabe" reagieren (dem Brauch folgen oder nicht)?
Begründung:

© Sunkel 01/2003 nach
© Schule & Co.

M 5 - Zweiter Fragebogen

Abschlussreflexion

Klasse: Bewertung ++ + -
--

A) Der Unterricht im Fach Deutsch hat mir Spaß gemacht

B) Das Lehrstück war interessant

C) Das behandelte Thema beherrsche ich

D) Den Wechsel von Frontalunterricht/Gruppenarbeit fand ich

E) Die eingesetzten Methoden beherrsche ich

F) Die Kommunikation in der Klasse während der Aufführungen war

G) Meine Beiträge zu den Inszenierungen waren

H) Die Rollenbesetzung durch Zufall war

I) Meine Beeinflussung des Klassengeschehens war

© Sunkel 01/2003 nach
© Schule & Co.

M 6 - Das Arbeitblatt mit den Schülerprotokollen von 1930

Deutsch	UE: Lehrstücke von Bertolt Brecht	Klasse:

1. Arbeitsblatt: Auszüge von Protokollen zum *Jasager* der Karl Marx-Schule

A) Erstes Kommentar eines Schülers (11 Jahre): „ ... Die Forschung ist nicht so wichtig wie ein Menschenleben. ... Es soll noch ein gerichtliches Nachspiel folgen. Der Junge wird mit großen Anstrengungen mitgenommen. Auf dem Weg rutschen zwei ab und stürzen ab ... DURCH ANSEILEN DEN JUNGEN MITNEHMEN.“
B) Zweites Kommentar eines Schülers (12 Jahre): „Leider ist der Text in der Oper an einer Stelle nicht sehr überzeugend. DER KNABE WIRD FAST ZU EINEM MÄRTYRER VERKLÄRT; DENN ER ZIEHT FREIWILLIG UND OHNE WIDERSTAND;IN DEN TOD. Man könnte fast meinen, der Knabe geht auf die Wünsche seiner Kameraden ein, weil es auch seine Wünsche sind, die er allerdings nicht ausspricht. Wie wäre es, wenn der Knabe erst ein wenig zaudert? Nach unserer Meinung hätte die Oper dadurch auch eine Hauptwirkung, wenn der Knabe erst ein wenig zaudert ... Im ganzen ist unsere Meinung, daß das Stück zu den wenigen gehört, die auch Schüler ohne große Anstrengung aufführen können. Entweder soll der Student auch krank werden und die Expedition soll umkehren, obwohl der Knabe will, daß man ihn den Felsen hinunterstürzt. Oder sie sollen versuchen, über den Pfad zu kommen, und dabei soll der Junge abstürzen oder auch alle, so daß nachher keiner die Schuld an dem Tod des Knaben hat ...“
C) Drittes Kommentar eines Schülers (18 Jahre): „...Mehrere Stimmen schließen sich der Ansicht an, daß das Schicksal des Jasagers nicht so dargestellt ist, daß man seine Notwendigkeit sieht. Warum ist nicht die ganze Gesellschaft umgekehrt und hat das kranke Glied gerettet, anstatt es zu töten? ... Von dieser Seite kommt er Vorschlag, die Szene des Bergsteigens und des Absturzes stärker zu realisieren, um dadurch vielleicht das nötige Verständnis herbeizuführen ... Die Mystik, die die Oper durchzieht, wird nicht angenehm empfunden ... Die Motivierung der Handlung ist nicht deutlich genug..“

Arbeitsaufträge:

- Vergleicht die Kommentare der Schüler mit euren Hausaufgaben. Welche Gemeinsamkeiten und welche Unterschiede könnt ihr feststellen?
- Sprecht nun mit eurem Partner über die festgestellten Unterschiede und Gemeinsamkeiten und macht eine gemeinsame Tabelle:

Unterschiede	Gemeinsamkeiten.

- Diskutiert nun (leise) darüber, ob eure und die oben stehende Kritik gerechtfertigt sind!

M 7 - 2. AB - Inhaltliche Gegenüberstellung der drei besprochenen Lehrstücke von Bertolt Brecht

Inhaltliche Fragestellungen	Der Jasager (1. Fassung)	Der Jasager (2. Fassung)	Der Neinsager
- Bis zu welchem Punkt spielt sich der 1. Teil der Handlung ab? - Wo spielt sich der 1. Teil der Handlung ab? - Wer spielt mit? - Was genau passiert in dem 1. Teil der Handlung? (z. B.: Wie verhalten sich die Hauptakteure?)	- Bis zum großen Chor (S. 52); - Zuhause bei dem Jungen; - Mutter, Lehrer, Knabe; - Lehrer will zu den großen Lehrern reisen (dort gibt es auch Ärzte) und möchte sich verabschieden; - Mutter ist krank, will anfangs nicht das der Knabe mitreist, willigt aber später ein; - Knabe will den Lehrer begleiten (für die Medizin der Mutter. →Einverständnis von allen Akteuren!	- Bis zum großen Chor (S. 308); - Zuhause bei dem Jungen; - Mutter, Lehrer, Knabe; - Lehrer muss wegen einer <u>Seuche</u> verreisen und möchte sich verabschieden; - Mutter ist <u>schwer</u> krank, will anfangs nicht das der Knabe mitreist, willigt aber später ein; - Knabe will den Lehrer begleiten (für die Medizin der Mutter. →Einverständnis von allen Akteuren!	- Bis zum großen Chor (S. 315); - Zuhause bei dem Jungen; - Mutter, Lehrer, Knabe; - Lehrer will zu den großen Lehrern reisen (dort gibt es auch Ärzte) und möchte sich verabschieden; - Mutter ist krank, will anfangs nicht das der Knabe mitreist, willigt aber später ein; - Knabe will den Lehrer begleiten (für die Medizin der Mutter. →Einverständnis von allen Akteuren!

Inhaltliche Fragestellungen	Der Jasager (1. Fassung)	Der Jasager (2. Fassung)	Der Neinsager
- Wo spielt sich der 2. Teil der Handlung ab? - Wer spielt mit? - Was genau passiert in dem 2. Teil der Handlung? (z. B.: Wie verhalten sich die Hauptakteure?) - Wie endet das Lehrstück (wie reagiert er/wie reagieren die anderen Akteure)?	- In den Bergen; - die drei Studenten, Lehrer, Knabe; - Junge ist krank; - die drei Studenten berichten dem Lehrer von dem großen Brauch/Ritus, dass der Junge hinabgeschleudert werden soll; - Lehrer stellt dem Knaben die Frage und gibt dem Brauch nach die Antwort vor; - Junge willigt ein, möchte aber die Medizin für seine Mutter sicher stellen. →Einverständnis von allen Akteuren!	- In den Bergen; - die drei Studenten, Lehrer, Knabe; - Junge ist krank; - die drei Studenten versuchen den Knaben über einen schmalen Grat zu bringen (misslingt), große Trauer bei den ihnen; - Lehrer stellt dem Knaben die Frage und gibt dem Brauch nach die Antwort vor (zurücklassen), auch große Trauer bei ihm; - Junge willigt ein, möchte aber hinabgeschleudert werden. Alle tun es gemeinsam! →Einverständnis von allen Akteuren!	- In den Bergen; - die drei Studenten, Lehrer, Knabe; - Junge ist krank; - die drei Studenten berichten vom großen Brauch wie bei dem *Jasager* 1. Fassung; - Der Lehrer stellt dem Knaben die Frage und gibt ihm auch die Antwort vor, doch der Knabe sagt „Nein“; - die drei Studenten bekommen die Antwort: „Wer a sagt, der muss nicht b sagen“, ein neuer Brauch entsteht, die Lage immer neu zu überdenken.

M 8 - Tafelbild „Das aristotelische Dramenmodell“

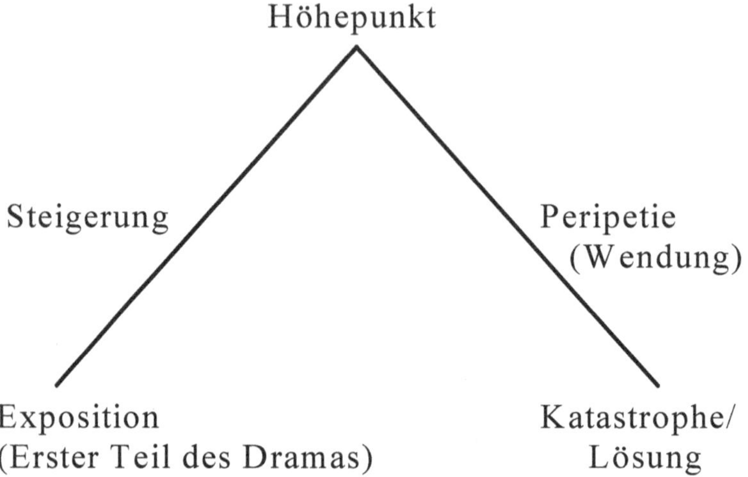

- Exposition [lat. „heraussetzen“]: erster Teil einer dramatischen Handlung. Aufgabe einer Exposition ist die Darlegung der Verhältnisse und Zustände, aus denen der dramatische Konflikt entwickelt wird (erregendes Moment), einschließlich der Vorgeschichte.[154]
- Steigerung: erregende, aufdeckende bzw. innere oder äußere Bedingungen, die die Handlung vorwärts treiben 2. bzw. 3. Akt eines fünfaktigen Dramas oder Ende des 1. bzw. Beginn des 2. Aktes eine dreiaktigen Dramas.
- Höhepunkt: die Mitte des Dramas. Dargestellt durch den Höhepunkt der Spannung.
- Peripetie [griech. Wendung, plötzlicher Umschwung]: Begriff aus der Tragödientheorie des Aristoteles, der den Umschlag der dramatischen Handlung in das Gegenteil des bisherigen Handlungsverlaufs und damit die Wende der Situation das Helden zum Schlechten oder Guten beinhaltet. Am Ende des 3. Oder zu Beginn des 4. Aktes (bei fünfaktigen Dramen) oder am Ende des 2. Aktes oder zu Beginn des 3. Aktes bei dreiaktigen Dramen.[155]
- Katastrophe/Lösung [giech.-lat. Umkehr, Wendung]: im Drama Wendung der Handlung im letzten Teil, der die Lösung des Konflikts bringt.[156]

---

[154] Der Literatur Brockhaus. Grundlegend überarbeitete und erweiterte Taschenbuchausgabe in 8 Bänden. Band 3. Werner Habicht, Wolf-Dieter Lange und der Brockhaus-Redaktion. Mannheim/Leipzig/Wien/Zürich: 1995, p. 129.

[155] ibid., Band 6., p. 223.

[156] ibid., Band 4., p. 369.

Zeitfracht Medien GmbH
Ferdinand-Jühlke-Straße 7
99095 Erfurt, Deutschland
produktsicherheit@kolibri360.de